河北省社会科学基金项目

河北省高速交通
与区域协调发展时空耦合研究

Study on spatio-temporal coupling between high
speed traffic and regional coordinated development in Hebei Province

李松 袁安琪 著

中国财经出版传媒集团
经济科学出版社
Economic Science Press
北京

图书在版编目（CIP）数据

河北省高速交通与区域协调发展时空耦合研究／李
松，袁安琪著. -- 北京：经济科学出版社，2023.8
ISBN 978 - 7 - 5218 - 5053 - 6

Ⅰ.①河… Ⅱ.①李…②袁… Ⅲ.①交通运输发展
–影响–区域经济发展–研究–河北 Ⅳ.①F127.22

中国国家版本馆 CIP 数据核字（2023）第157345号

责任编辑：杨　洋　卢玥丞
责任校对：刘　昕
责任印制：范　艳

河北省高速交通与区域协调发展时空耦合研究

李　松　袁安琪　著

经济科学出版社出版、发行　新华书店经销

社址：北京市海淀区阜成路甲 28 号　邮编：100142

总编部电话：010 - 88191217　发行部电话：010 - 88191522

网址：www. esp. com. cn

电子邮箱：esp@ esp. com. cn

天猫网店：经济科学出版社旗舰店

网址：http：//jjkxcbs. tmall. com

北京季蜂印刷有限公司印装

710 × 1000　16 开　14 印张　220000 字

2023 年 8 月第 1 版　2023 年 8 月第 1 次印刷

ISBN 978 - 7 - 5218 - 5053 - 6　定价：62. 00 元

（图书出现印装问题，本社负责调换. 电话：010 - 88191545）

（版权所有　侵权必究　打击盗版　举报热线：010 - 88191661

QQ：2242791300　营销中心电话：010 - 88191537

电子邮箱：dbts@ esp. com. cn）

前　言

　　改革开放40年来，中国经济社会发展取得了举世瞩目的巨大成就。作为新时代重要的国家发展战略之一，实施区域协调发展可进一步推动新发展理念的深入贯彻和现代经济体系建设。区域协调发展概念自2003年被提出以来，区域协调发展就成为我国的重大课题，一直受到学术界的广泛关注，关于区域协调发展的研究也层出不穷。2017年党的十九大后，区域协调发展成为中国的重要发展战略，提出要更加有效地建立协调发展新机制。当前，中国全面建设社会主义现代化国家进入新的发展阶段，促进区域协调发展成为现代化建设的关键环节。促进区域协调发展，既是推动形成优势互补、高质量发展的区域经济布局的必然要求，也是实现全体人民共同富裕的重要路径。

　　改革开放以来，全国各地加大了交通发展力度，交通基础设施数量大幅提高，交通运输服务能力也得到有效提升。然而，由于土地和环境资源有限，交通基础设施总量不可能无限增长，因此在新时代交通运输发展面临重大变化的情况下，交通运输发展方式迫切需要转型升级，交通发展的重点逐渐从各区域单项运输总量的叠加转向区域综合交通系统发展的整体优化。交通运输是区域经济社会发展的基础产业，区域交通运输发展水平和管理能力是区域协调发展的前提保障。树立交通和区域协调发展理念有利于解决区域交通问题、促进区域协调发展、增强区域产业集聚和经济辐射能力。同时，通过加强区域之间的沟通和联系，有利于跳出自身局限，打破交通封闭的过时发展理念，从整个区域的角度考虑区域的布局和发展，促进区域的协调发展。近年来，河北省交通运输业虽然取得了很大的进步和成绩，但也存在一些问题，如果不加以解决，将严重制约河北省交通运输业未来的进一步发展，从而影响区域的协调发展。主要表现在三个方面：一是行政区划导致区域交通发展不平衡，缺乏有效统一的交通系统规划；二是由于各种交通方式的划分，导致各种交通方式的连接不紧密，区域交通系统的空间节点连接不顺畅；三是县域交通系统服务质量不高。

高速交通在促进区域协调发展中起着非常重要的作用。习近平总书记在党的十九大报告中明确提出"建立更加有效的区域协调发展新机制"，在中央经济工作会议上又提出将"基础设施通达程度比较均衡"作为区域协调发展的三大目标之一。这说明，在推动区域协调发展的过程中，"以交通一体化促进区域协调发展"已经成为党和政府的工作重点。这不仅为区域协调发展指明了方向，也为解决区域协调发展机制困境、分析问题根源提供了新的视角。区域协调发展可以用经济、社会、生态环境和公共服务四个子系统来衡量。交通运输系统是国民经济发展的基础服务产业，具有很强的引领性，也是连接地理空间活动和社会经济活动的纽带。高速交通与区域协调发展紧密相连，两者相互促进、相辅相成，区域协调发展为交通建设提供支撑，区域发展也需要完善良好的高速交通网络。

本书旨在促进高速交通与区域协调发展的创新融合，引导区域协同发展和相关政策以支撑长远发展，减少交通基础设施建设的盲目性。本书以数字经济时代为背景，从高速交通与区域协调发展的实际出发，结合现代区域管理思想，运用运筹学、优化演化、仿真技术和系统工程理论与方法，重点解决高速交通与区域协调发展问题。本书针对高速交通与区域协调发展实践中的具体问题，建立适合的优化模型，并根据模型的特点设计求解算法，为其更加注重通过交通规划促进区域协调发展发挥综合高速交通网络的作用提供依据，从而在源头上促进区域协调发展机制的创新。在写作过程中，本书注重以下几点：一是力求理论的系统性和新颖性；二是理论联系实际，注重运用系统分析技术解决区域协调发展问题的方法，多角度分析问题，再根据相关性从多个方面解决问题，力求实现理论与应用的统一。

本书得到了河北省社会科学基金项目（编号：HB20GL005）资助，在此谨致谢意。

　　本书在写作过程中参考了大量文献，这些参考文献已经尽可能多地列出。但仍有疏漏之处，在此向被遗漏的作者表示歉意，并向所有在本书中直接或间接引用其文献的同行学者表示诚挚的感谢。

　　感谢作者的研究生白洋、李紫萱、高烨、李文豹、刘小杰等所做的大量工作。

　　鉴于时间和作者水平有限，书中不足之处在所难免，在此诚恳地希望读者和同行不吝赐教，以便今后得以修正和提高。

2023 年 3 月

目　录

第 **1** 章

绪 论

1.1 研究背景及意义

1.1.1 研究背景

作为国家在新时代的重要发展战略之一，区域协调发展战略的实施能够进一步促进新发展理念的深入贯彻及现代化经济体系建设。中国作为发展中国家，其区域的差异性一直相对比较明显。自新中国成立以来，虽然党和政府始终致力于缩小区域之间的发展差距，但由于不同区域在自然地理环境、资源禀赋和社会文化等方面存在较大差异，因此实现区域协调发展的目标仍然需要较长一段时间。在此过程中，科学准确地对区域不同时期的协调发展状况进行定量评价与分析不仅能够及时了解区域协调发展状况的变化趋势，同时能够为有关政策制定提供重要的参考依据。

区域协调发展在我国处于重要的战略高度。区域协调发展概念首次出现在 2003 年党的第十六届三中全会，随着我国的不断发展，区域协调发展概念在党的十九大之后逐渐转变成一种战略，国家高度重视，随后推出各种区域协调发展相关意见和政策。2003 年至今，区域协调发展一直是我国面临的主要问题，这说明了区域协调发展的重要性。

党的十九大《决胜全面建成小康社会夺取新时代中国特色社会主义伟大胜利》报告开创性地提出中国特色社会主义进入了新时代。新时代我国社会主要矛盾发生了深刻变化，即转变为人民日益增长的美好生活需求与不平衡不充分的发展之间的矛盾。因此，强调实施"乡村振兴战略与区域协调发展战略"，建立健全城乡融合发展的体制机制和政策体系，目的在于缓解城乡发展差距大、农村发展落后等问题，保持全面建成小康社会的可持续性活力（刘彦随，2018；陈坤秋，2019）。党的二十大报告中指出，"深入实施区域协调发展战略、区域重大战略、主体功能区战略、新型城镇化战略，优化重大生产力布局，构建优势互补、高质量发展的区域经济布局和国土空间体系"①。促进区域协调发展，是实现全体人民共同富裕的现代化、全面建成社会主义现代化强国的必然要求与应有之义。在此背景下进行区域协调发展战略研究，应将问题实质集中于处理好各层面地区的公平与效率关系上来：我国经济逐渐转向新常态发展阶段，追求经济发展质量突破、经济发展方式创新及经济发展结构优化的攻关期，创新等先进要素的内生活力增大和空间集聚加快将使区域差距面临扩大压力，而如期实现全面建成小康社会及共同富裕的宏伟目标是党给予人民的庄严承诺。因此，在保证区域发展质量第一、效益优先的前提下更应重视统筹协调、平衡发展。

交通运输作为经济发展必不可少的基础条件，对区域协调发展的影响不言而喻，同时区域协调发展的环境依赖性和交通运输的资源消耗性决定了交通状况与区域协调发展之间存在着相互制约又相互促进的辩证统一关系，二者融合协调则相互促进，不协调则相互掣肘。因此，探究交通与区域协调发展间的耦合协调关系对河北省具有重要意义。

区域作为一个开放的系统，时刻与外界发生着联系。交通运输是国民社会经济发展的基础产业，对区域协调发展起到重要的支撑、引导和保障作用，是联系区域经济和社会活动的重要纽带。交通基础设施建设与区域协调发展的相互作用一直是经济学和经济地理学研究的重要内容。

高速交通在区域协调发展中扮演着重要角色，它能够加快生产要素的流通，促进经济增长，对中国经济发展产生积极影响。高速交通与区域发展的关系是相辅相成的，许多重点研究课题总是离不开高速交通与区域发展的关系以及高速交通对区域发展的影响。高速交通的发展关乎区域的发

---

① 习近平. 高举中国特色社会主义伟大旗帜 为全面建设社会主义现代化国家而团结奋斗——在中国共产党第二十次全国代表大会上的报告 [M]. 北京：人民出版社，2022.

展，区域发展不能脱离高速交通运输带来的积极促进作用。区域发展中的经济子系统往往依托于高速交通，当区域发展与高速交通能够协调时，对二者均有积极地促进作用，形成良性发展的局面。

鉴于二者之间的关系和影响，高速交通与区域发展耦合相关的研究也应运而生并逐渐发展壮大。交通基础设施的快速发展使高速交通实现了跨越式的突破，这无疑将对区域发展发挥更大的作用。但在区域发展与高速交通均日益增长和完善的同时，一系列区域发展与高速交通的不均衡问题随之出现。目前省级高速交通与区域发展并不协调，严重阻碍了推进协调发展战略的进程。面对区域发展的战略需求，应将高速交通与区域发展放到一起研究。尤其是区域发展中的经济发展与生态环境发展有着密切的关系，一方面交通的配置不足或功能无法有效发挥会成为经济发展的桎梏，另一方面交通的建设与发展对生态环境产生噪声和空气污染等影响。

研究高速交通与区域协调发展之间的关联性对于理解这一问题具有重要意义。以往区域协调发展研究，主要是以经济和其他某一子系统组成的两系统的耦合协调评价，忽视了评价需要具有的全面性，缺少对社会、生态环境、公共服务、教育等层面的组合研究，缺少对区域协调全面发展的评价研究，而协调发展的内涵要求要考虑更大的系统和方面，要考虑生态、文化、人口、环境的相互协调。基于以上背景，本书对高速交通与区域协调发展之间存在的时空耦合协调关系进行研究，将区域发展扩大为四个子系统，实现区域发展与高速交通的协调持续发展。

1.1.2 研究目的

一方面，区域整体发展水平的高低主要取决于经济因素，而高速交通作为构成一个区域物质空间的重要组成部分，联通一个区域的内外部交流，扩大区域体系对外开放的范围，其发展关系到区域发展的全局（范祚军，2016）。另一方面，区域的不断发展又影响着高速交通的建设与发展。总而言之，高速交通与区域协调发展之间具有紧密的关系。然而由于先天性的一些地理条件，目前河北省高速交通和区域协调发展的时空分布存在典型的市级发展不平衡，严重影响了河北省整体综合实力的提高。因此，希望通过本书的相关研究，可以为相关部门制定出更好的符合河北省高速交通与区域协调发展实际情况的规划方案提供指导，更好地助力京津冀一体化和雄安新区建设。

本书的研究目的在于解决高速交通与区域协调发展耦合性问题。一是在国内外相关研究的基础上，通过文献分析、定量和定性分析相结合以及实证分析方法，从理论上对高速交通网络与区域协调发展之间存在的关系进行分析，目的在于厘清高速交通网络与区域协调发展之间相互作用的协调发展机理。二是探寻区域协调发展中的县域交通可达性和综合交通运输问题，提出县域交通可达性优化模型，并应用该模型计算石家庄市县域交通可达性；同时，分析县域综合运输体系对县域产业聚集发展的影响作用，提出县域综合运输体系规划中应注意的一些关键性问题和相应的对策建议。三是利用主成分分析和关联性研究对主要评价指标加以量化遴选，并从经济、社会、生态环境和公共服务等多个维度加以深入分析，构建区域协调发展和高速交通系统评价指标体系，从时间演化趋势和空间演化差异方面，整体把握河北省高速交通与区域协调发展的发展概况。在此基础上，建立区域协调发展与高速交通协调度发展的耦合协调模型，河北省高速交通与区域协调发展之间存在相互影响的互动关系，并对河北省高速交通与区域协调发展之间的时空耦合协调程度进行分析，探索两者之间的协调适应程度，为河北省各地区的高速交通与区域协调发展之间的协调优化发展提供政策引导。

1.1.3　研究意义

高速交通是反映经济蓬勃发展的指标，它反映了交通运输系统的状况。优质的高速交通不仅有助于提高劳动力、原材料和生产设备的运输效率，还能促进产业聚集，从而对城镇化产生重要影响。因此，在交通规划和经济地理学的研究中，高速交通的重要性不言而喻。通过提高交通便利性，企业可以降低生产成本，提升经济效益，为企业发展创造更加便利的必要条件。本书基于时间演化趋势和空间差异的视角，研究高速交通与区域协调发展之间的耦合协调发展问题，无论是在理论方面还是在现实方面，均有重要的指导意义。

1. 理论意义

现有研究多数将区域某子系统单独和交通进行耦合协调的研究，大多数集中于区域经济和交通之间的耦合协调研究。对于整体区域协调发展和高速交通的时空耦合关系研究较为少见。本书结合以往研究成果和相关理论，在评价指标选取的筛选方法方面，通过建立相对客观全面的指标体系，将定性和定量方法相结合，建立了相对客观、完善的评价指标体系，为相关研究的指标体系选取提供新思路，并以此为基础建立耦合协调度模型，研究河北省高速交通与区域协调发展之间的时空耦合协调关系，在一定程度上完善了相关评价指标体系的构建，丰富了高速交通与区域协调发展的研究视角，进一步完善了研究内容。

2. 现实意义

区域协调发展和高速交通之间存在相互作用与影响，二者耦合协调能够促进自身向更好的方向发展。从多个角度构建区域协调发展与高速交通的指标体系，对区域协调发展与高速交通的评价更加多维、立体化，评价结果更加客观真实。通过对区域协调发展和高速交通发展水平的测算和分析研究，有利于更深入地了解区域协调发展和高速交通发展情况，发现在发展过程中存在的一些问题，比较全面地认识高速交通与区域协调发展的时间演化历程及空间差异特征，有针对性地为区域协调发展提供政策指导参考，解决现实发展中存在的区域发展不均衡难题。探索高速交通与区域协调发展之间的空间耦合协调程度，能够更加深入地了解区域协调发展与高速交通耦合关系的时空演化过程，明晰今后区域协调发展和高速交通发展的优化方向，使之深度融入"一带一路"建设、实现经济的转型升级。

1.2 区域协调发展与高速交通

1.2.1 区域协调发展的内涵

区域是一个复杂的概念，本质上是一种地理概念。区域通常被理解为空间，其类型复杂多样（张守文，2021）。美国区域经济学家埃德加·M.胡佛（Edgar Malone Hoover）将区域定义为："基于描述、分析、管理、计划或制定政策等目的，并作为一个应用性整体加以考虑的一片地区。"① 它通常与国家发展战略、国家重大政策紧密结合，既可以是根据国家发展战略所划分的带有较强地域特色的区域，也可以是根据不同经济发展水平而划分的不同区域。从协调的定义来看，《辞海》将其解释为"同心协力、相互配合"，《牛津哲学词典》则认为协调是指各方利益相一致的状态，以及使各方利益都得到满足的手段。

协调是发展平衡和不平衡的统一，它既是发展手段又是发展目标，还是评价发展的标准和尺度。区域协调发展体现的是公平与效率的动态优化组合，本质要求是人才、技术和资金等要素在区域间的合理流动。它既不是各区域间低水平的均衡发展，也不是各区域同等程度的发展，更不是抑制发达区域的发展（包健，2007），而是既要充分发挥各区域的比较优势，又要加强区域间的统筹协调，在发展中实现区域间的相对平衡（何立峰，2019）。

根据《中共中央国务院关于建立更加有效的区域协调发展新机制的意见》，区域协调发展的目标定位应包括经济发展、基本公共服务、基础设施和人民生活四个方面。具体内容包括：遏制区域发展差距逐步拉大的趋势，并使之保持在一个相对合理的范围内，在动态平衡发展中缩小区域发展差距；解决好基础教育、基本医疗、基本养老、基本公共卫生、基本就业等基本公共服务问题，促进区域间基本公共服务均等化；加速补齐中西部地区的铁路、公路、机场等基础设施短板，促进基础设施通达程度比较均衡；解决好区域居民收入差距问题，促进人民基本生活保障水平大体相当。区域协调发展的基本要求是实现基本公共服务均等化，基础设施通达程度比较均衡。孙海燕（2005）认为区域协调发展是不仅要达到区域内部和谐还要实现区域外部共生。郝文升（2012）则认为是区域之间在政治、经济、社会、文化、生态等方面发展上优势互补、良性互动和正向促进。

---

① Hoover E, Giarratani F. An Introduction to Regional Economics [J]. Regional Research Institute, West Virginia University, 1999.

综观现有文献，21世纪前后，区域协调发展结果的评价标准多从经济学的视角出发，以区域经济差距的变化为判断核心（范柏乃，2021）。区域协调发展是多元的。本书认为区域协调发展是区域间全方面的协调发展，经济、生态、文化、环境和社会等多方面的协调发展；是公平发展，不同区域将自身优势发挥最大化，实现各区域间的优势互补。为此，本书将区域协调发展定义为：区域经济发展差距逐渐缩小，并逐步实现区域基本公共服务均等化、基础设施通达程度比较均衡、人民基本生活保障水平大体相当目标的过程。

1.2.2 高速交通的内涵

1. 高速交通

交通指的是人或物进行空间场所的位移，是指交通工具在运输网络上的流动，一般以铁路、航空、管道、水路、公路五大类为主。交通运输实现了人力、物力等生产要素的空间位移和交换，是社会经济发展的基础和动力。高速交通是更快速、更便捷和更高级的运输方式，是交通科学技术水平提升的重要体现。交通对区域发展的影响相当显著，公路是交通运输的基础，可按照不同的划分依据对公路进行分类。高速交通作为区域相通的主要方式，能够实现要素在区域内部和区域之间的相互流通。高速交通主要包括高速公路、高速铁路和航空运输三种主要交通运输方式，这三种交通运输方式之间存在相互补充、相互促进的发展关系。高速公路是按照公路功能分类的其中一种，除此之外还有一级公路、二级公路、三级公路、四级公路。高速公路主要涵盖了客运和货运的短途、中途和长途运送范围，是最灵活的高速交通运输方式。高速公路作为交通基础设施的最重要的组成部分，更是现代经济发展的重要支撑。我国高速公路在推动区域互联互通和带动经济增长方面发挥了重要的作用，与此同时，高速公路作为国民基础设施体系的重要组成部分，除了具有经济效益外还具有突出的社会效益（张昕，2021）。高速铁路主要以客运的中长途运输为主，是新兴的高速运输方式，对航空运输产生了较大的冲击，弥补了航空在中途运输中的不足。航空运输主要以客运长途运输为主，是效率最高的高速交通运输方式。总体来看，高速交通的不断发展，促进了生产力的提升和区域空间格局的均衡演化。

2. 高速交通网络

高速交通网络指在一定经济发展水平和技术条件下，由高速公路、高速铁路和航空运输三种运输方式相互交错、相互补充、相互协调组合而成的综合运输网络。它强调三种高速交通运输方式之间比例协调、结构优化、布局合理、衔接得当，并以最优化、高效的方式组合成一个与区域经济发展和空间结构相适应的综合高速交通运输系统。高速交通网络包括运输工具、运输线路和辅助设施三个基本要素，运输工具分别包括汽车、动车和飞机。运输线路包括高速公路、高速铁路和航空运输航线的规划与建设，连接着客货运输的起点和终点，是高速交通网络最重要的组成部分。辅助设施包括场站、通信设备等有利于线路正常运营的配置。高速交通网络是从综合运输交通运输网络中提炼出来的更加便捷、高效的运输系统，是社会经济进一步发展的需要。高速交通网络概念逻辑如图 1-1 所示。

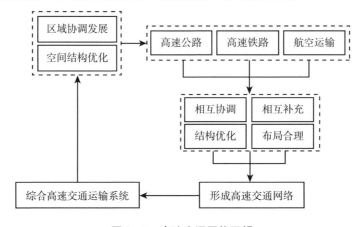

图 1-1　高速交通网络逻辑

1.2.3　区域协调发展与高速交通的耦合作用

在区域发展与高速交通的相互作用关系研究中，多数研究都使用了"耦合"概念。两者的内在表现主要为区域发展和高速交通的交替推拉过程和交替一体化发展。即交通运输推动区域协调发展，区域协调发展拉动交通运输，二者相关关系越来越密切。二者之间的作用机制大致呈现以下过程：当区域发展水平逐渐提高时，对高速交通的需求也随之增多，此时，高速交通设施因其发展周期长的原因无法迅速地及时跟上区域发展的要求和速度，使得二者发展出现差距，呈现不协调状态，区域发展也因高速交通的不成熟无法高效发展，这对二者的发展都产生了阻碍。随着时间的推移，交通日渐完善，能够满足区域发展的要求，二者此时齐头并进开始高速协调发展，合理、完善的交通运输系统对区域协调发展开始产生显著促进作用。在相互促进发展的过程中区域发展和高速交通逐渐达到相对平衡状态，区域发展与交通运输相互匹配，二者之间既不会出现一方落后于另一方的情况，也不会出现一方的超前发展。两者朝着更高层次目标发展，共同促进整个区域的发展。

高速交通系统与区域协调发展系统之间的相互作用程度可以通过耦合度计算，但是各子系统之间具体作用程度水平的高低仅靠耦合度还不能得出，因此还需要引入耦合协调度模型。耦合度的高低反映了高速交通系统与区域协调发展系统之间相互作用程度的高低，耦合协调度则是体现系统整体协调发展水平。系统的状态体现在耦合协调度的高低，耦合协调度越高，表明系统越趋向于有序状态。耦合协调度随时间序列的变化，体现了系统状态的变化过程。

高速交通与区域协调发展的耦合，是以发挥其最大效用为目标，旨在两个子系统相互作用、相互影响、相互促进，达到高速交通系统与区域协调发展系统之间以及系统组成要素之间的有机融合，是实现两系统耦合协调发展的基础，不仅可以较好地解决系统间的失调发展问题，还有益于各系统之间或系统要素之间的相互协调、和谐发展。在高速交通子系统与区域协调发展子系统耦合的发展过程中，宏观上看，系统与系统之间不仅会产生互动关系，而且系统与系统所在的外界环境也会产生相互影响；从微观角度看，系统内部各要素之间也会发生互动关系，彼此产生影响。因此，高速交通与区域协调发展的耦合度能够评判一定时期内两个系统的耦合作用强弱，而高速交通与区域协调发展的耦合协调度可以表现在两个系统之间的匹配与协调发展状况中，反映一定时期内高速交通与区域协调发展的综合水平。

综上所述，高速交通与区域协调发展的耦合作用在于，二者任何一方自身的发展不仅对自身有提高和完善作用，同时促进另一方的发展。当高速交通与区域发展满足协调发展时，区域发展的成果会为高速交通的发展提供资金、人力等方面的支撑，将高速交通的发展提升至满足区域协调发展需求的高度。

1.3 交通与区域协调发展研究进展

1.3.1 交通可达性研究进展

1. 国外研究进展

国外学者对可达性相关理论研究起步较早，其应用领域广泛且取得了众多成果，主要体现在交通系统服务能力，城市交通设施规划、道路基础设施修建、城市土地利用、区域经济发展、区域一体化、城市公共交通设施等多个层面（白洋，2017）。国外相关研究成果多以交通干线和交通网络为切入点，对区域可达性、区域发展的影响一直是国外可达性研究的重要方向。

可达性的概念，早在 1959 年就由沃尔特·G. 汉森（Walter G. Hansen）提了出来，他将其定义为交通网络中各节点相互作用机会的大小。奥拉伊卡·阿贾拉（Olayinka A. Ajala，2015）针对医疗室的可达性进行了研究。墨菲（Murphy，2015）关注于人们躲避不利的环境因素，从步行和骑车去乡村的可达性测算；墨菲同时还讨论了城市中基于行人安全的可达性和聚集性。斯蒂芬·纳特利（Stephen Nutley，2003）重点研究了澳大利亚乡村地区的弱势群体，其研究表明，对外交通联系是滨海小岛发展的重要因素。奥凯利（O'Kelly，2003）利用可达性的概念对美国人口数据进行了研究。村山祐司（Murayama，1994）研究了近代以来日本铁路建设对可达性的影响，结果表明，城市可达性的提高对经济发展有着积极的作用。朱璇等（Zhu Xuan et al.，2004）研究了 MRT 交通系统对可达性的影响。博瑟姆（Botham，1980）对英国的公路建设进行了研究；哈维尔·古铁雷斯（Javier Gutiérrez，1996）研究了欧洲高速铁路的建设对于区域之间可达性的影响。罗杰·维克曼（Roger Vickerman，1995，1999）教授研究了交通可达性与区域经济发展的内在关系，并通过探讨欧洲公路网的建设情况，质疑了公路网建设是否能够提升区域的可达性，以及是否对经济有提升作用。柳锴（Kai Liu，2020）研究了日本城市系统的转变，日本铁路网的发展加速了城市系统的整合，随着铁路网的扩张，沿线城市可达性得到提高，城市一体化加强，尤其是铁路网中心城市获得了最大的区位优势。萨拉奥尔梅多（Salas - Olmedo，2015）通过运用市场潜力指标、建立市场潜力模型，结果表明，高速公路的建设使周边地区可达性得到提升，并带来了潜在的经济发展，交通基础设施投资高的国家，可达性取得了最大的改善。杨树（Yang S.，2016）建立了一个研究交通量差异与可达性之间关系的模型，通过检验表明交通量差异与可达性在统计上呈现出显著的相关性，模型系数还可以给予城市规划一定的参考性。

在 GIS 技术快速发展并在各个领域迅速应用的背景下，可达性的度量分析方法也在不断革新，爱德华·苏贾（Edward W. Soja，1996）建立的空间相互作用理论模型为可达性在土地利用、空间规划等领域的应用提供了重要的参考。德里克·哈尔登（Derek Halden，2002，2005）认为过往土地规划中侧重于用定量分析进行可达性度量，但其结果在规划中的实际应用却很少，因此，建立了可达性的结构化分析方法，其中包括重力模型、平衡系数法、机会测度法和价值测度法等，这些方法成了之后可达性研究中常用的分析方法。金铉敏（Hyun - Mi Kim，2003）通过结合 GIS 技术，改进了可达性的测算方法。约翰·艾克（John E. Eck，2018）利用 GIS 来测算评价可达性，从而确定服务设施应选择的区位。亚科诺（Iacono，2016）通过利用 GIS 中的网络分析功能，计算非机动方式出行下研究区域的可达性，并根据结果制定了相应措施以指导交通规划实践。随着 GIS 技术在交通领域的不断深入拓展，地理条件、时间距离、出行偏好、出行方式选择等都纳入了可达性测度须考虑的因素，这也使得可达性的评价结果更具有客观性和说服力。

2. 国内研究进展

国内学者对可达性的研究虽起步较晚，但国内学者在国外研究基础上不断丰富和发展了可达性研究领域，在短短的三十年时间里总结并完善了可达性的评价方法，积累了相当的成果，推动了可达性在各领域的发展应用。与国外可达性研究相似，国内对交通可达性的研究主要偏向于分析某一条交通线路——一般为高铁线路，或某类交通方式——主要是公路、铁路、高铁其中之一对地区可达性及经济社会发展的影响，这与我国正处在交通飞速发展及交通基础设施大规模建设的阶段有关。金凤君（2004）研究分析中国百年铁路交通发展历程的地区可达性空间格局变化，结果证明，铁路网的修建提高了沿线地区的可达性，而且铁路网的建设促使了城市空间集聚，大城市及其周围可达性格局呈现同心圈层结构，沿铁路网形成了运输走廊进而形成空间经济轴线。贺剑锋（2011）在总结前人的理论基础上，提出了研究高铁可达性的评价方法，并以长三角为例，发现高铁的修建明显改善了城市的外部可达性，同时高铁车站区位的选择对城市内部可达性有着重要影响。钟少颖（2013）考察了高铁建设对众多城市通达性的影响，发现城市通达性格局取决于地理位置，不同时期修建的高铁线路对城市通达性的提升情况不尽相同，同时西北地区的通达性条件最差，徐昀（2004）在提出相对可达性的基础上，以江苏省为例，分析了高等级公路网的变化引起的各地级市可达性格局的变化，对今后的江苏省交通路网规划提供了相应的对策建议，吴威（2007）以安徽沿江地区为例，分析了高速公路网络的修建对区内和区外可达性空间格局的影响。曹小曙（2005）分析了国内干线公路网联结的城市可达性格局，并表明行车速度的提高对城市可达性变化有重大影响。

在我国高铁大规模建设的背景下，越来越多学者不再局限于只研究现有可达性格局及演变，而是根据交通规划近景和远景来预测未来的可达性格局，分析高铁建设对可达性演变过程可能产生的影响，以期能为区域高铁网络建设及交通发展提供一些思路或建议。孟德友（2011）以河南沿线城市为例，分析了高速铁路建成前后其区域可达性和空间经济联系的变化情况，研究表明高铁的建设极大地缩短了沿线地区间的时空距离，有力地提升了地区间的交通可达性水平，促进地区间社会经济联系和空间相互作用强度。孟德友（2012）对比分析了不同年份铁路交通网络建设的情况，研究了区域之间经济的情况。徐勇敢（2010）研究了铁路网扩展和可达性变化，最终通过时间成本来研究在铁路提速之后，不同城市的受益情况。梅琳（2018）分析了高速铁路建设对长江中游城市群可达性的影响，发现随着高铁建设初期，区域可达性的差距也会增大，但随着高铁路网的完善，区域可达性的均衡程度也会上升；姬亚鹏（2019）等预测分析了兰渝高铁建成后将大幅提高周边城市的可达性，论证了建设兰渝高铁的重要性。王天睿等（2017）分析了各条高铁线路通车后，沿线的甘肃省内各中心城市的可达性变化，为各中心城市发展战略的制定提供了有益启示。此外，还有罗智霞（2017）对辽宁高铁网络的研究、蒋海兵（2010）对京沪铁路的研究等。

随着我国交通运输体系的逐步发展完善，不同于专注某一类干线对可达性发展的影响，探究综合交通系统可达性对区域发展更具有现实意义。综合交通系统的可达性比某一类交通方式更能反映区域发展的真实水平，而综合交通系统的确定一般都伴随着特定区域的选择，国内综合交通系统的可达性研究主要集中于省域、市域、都市圈（程钰，2013；刘辉，2013）及特定地理区（谭玮宝，2021；唐永超，2020）等。20 世纪 90 年代初，丁成日（1990）用交通可达性分析了北京的情况，解释了区域发展的不平衡性。宋小冬（2000）运用计算机对居民出行的交通可达性特征进行了测算。此后可达性渐渐成为交通规划、地理经济学研究的热点。盖春英（2006）基于公路网络的可达性，研究了可达性可能受到的影响；张莉（2008）基于 GIS 系统研究了长江三角洲空间变化的情况；钟业喜（2011）用交通可达性研究了江苏地区的区域联系情况。刘传明（2011）通过测算湖北省 79 个县区的综合交通可达性，分析其演变过程与空间格局差异，研究表明，综合可达性与经济水平二者之间存在具有正相关趋势的非线性关系；曹小曙（2003）以东莞市为例，分析了交通设施的建设引起的区域可达性变化。孟德友（2012）则以中原经济区县域单元为研究对象，测度了交通优势度与县域经济的耦合协调度，并尝试划分耦合—协调类型区。此外，沈惊宏（2012）以安徽省为案例，评价安徽省综合交通可达性；钟业喜（2010）分析了鄱阳湖生态经济区的交通可达性；张志学（2010）研究了陕西省县域的交通可达性；程钰（2013）研究了山东省济南市周围县域的交通可达性和经济发展之间的关系。周博（2018）以广东省 21 个地级市为例，选取了路网密度、邻近度和可达性作为评价指标，通过建立耦合度模型和协调度模型对广东省的交通优势度和经济协调耦合关系进行实证研究；蔡兴飞（2019）基于武汉市各层级路网，测算了不同交通模式下可达性的空间格局特征，并对武汉市综合交通可达性进行了评价。陈淇瑶（2020）对重庆市 37 个县区的交通可达性进行了定量评价，并对交通可达性与多维贫困进行了耦合度分析。徐彦侬（2019）通过分析测度广东省县区交通可达性及可达性变化导致的空间外溢效应，对可达性与经济发展进行了相关性研究。

近些年，随着 GIS 技术进一步发展，可达性研究也变得多样化。吴威（2007）选取加权平均旅行时间为指标对长江地区的公路、铁路、水运、航空等四种单一交通方式进行了可达性分析。马晓蕾（2016）对我国地级及以上城市的交通可达性与经济发展水平进行了分析。陈艳艳（2015）研究了基于公交站点权重和公交线路辐射范围权重的区域公交可达性的计算方法。曹小曙（2015）研究了丝绸之路经济带的可达性格局。于晓萍（2016）研究了空间经济绩效优化的问题，结果表明，可达性和连通性对于空间的发展有着重要作用。陈博文（2015）运用空间计量的方法测度了江苏省可达性和经济之间的关系。罗金阁（2020）运用加权平均旅行时间测算可达性，并建立耦合度模型分析粤港澳大湾区交通可达性与旅游经济联系空间关系。刘欢（2022）以省会城市为网络节点采用加权平均旅行时间对省际可达性及其演变进行了对比分析，论证了交通基础设施修建的必要性。周群（2021）利用综合交通可达性及交通优势度等指标，研究分析了城市带内各县区的综合交通可达性格局特征。

1.3.2　交通与区域协调发展耦合性研究进展

1. 区域协调发展评价指标研究

区域协调发展评价经历了从单一指标向复合指标的转变，也逐渐由双体系向多体系的转变。目前对区域协调发展水平的评价多集中在两个子系统和三个子系统的耦合协调研究，如冯旭芳（2007）、张立柱（2008）通过构建经济和社会两个子系统的评价指标体系，对区域协调发展进行了分析；杨扬（2019）从物流和经济两个子系统研究了滇中区域物流和经济的耦合协调发展；邹朦璐（2018）使用文化旅游子系统和经济子系统来评价四川省的区域经济协调发展水平；潘振兴（2019）在研究新疆铁路网和区域经济耦合协调关系时，将其分为铁路网子系统和经济子系统。

上述研究多是以经济为区域发展主要侧重点。但是经济发展并不是衡量区域协调发展的唯一标准，因此学者们改变了仅进行单一经济评价指标的研究，引进更多评价区域协调发展水平的评价指标，使区域协调发展的评价指标体系日渐完善。

国外学者对于区域协调发展水平的评价早于我国。在微观指标领域，弗莱（Fleisher，2010）和贝尼尼（Benini，2007）分别从人力资本、基础设施、中央财政支出等方面评价区域协调发展水平。经济、社会、环境和制度是联合国可持续发展评价指标体系（DSR）设计指标体系时考虑的四个方面（Odum，1996）。

国内学者对区域协调发展水平评价的研究也从未停止，并且对某些领域的指标进行了检验，不断被认可并被更多学者纳入相关研究。在这之中，学者们研究的角度不尽相同，经济和社会是两个常见的角度。例如，冯旭芳（2007）基于对经济发展和社会进步两方面的考虑，最终筛选了21个指标组成区域协调发展评价指标体系，以山西省为实例，分析了该区域经济发展的差异。张立柱（2008）分为经济层面和社会层面构建了区域经济社会评价指标体系，最终给出31个三级指标，涵盖了经济、人口、生活、社会等7个方面。方世明（2010）关注城市化和经济的协调发展，改进了以往仅使用单一指标对城市化和经济进行测度的不足，从人口、经济、社会文化、地域景观四个层面共15个指标综合反映城市化水平，选取了14项指标综合反映经济发展水平，包含经济实力、经济发展阶段、经济发展活力三个层面。有学者研究经济和教育的区域协调，孙继红（2014）和王子晨（2015）分别为经济子系统和高等教育子系统构建了高等教育和区域经济协调发展的评价指标体系。戢晓峰（2019）加入了教育公平的角度，同经济发展一起构建区域协调发展评价指标体系，教育公平涵盖人力资源、财力资源、物力资源三个方面共 9 项指标，区域经济发展用生产总值、社会消费品零售总额、农林渔牧业生产总值、规模以上工业总产值 4 项指标来衡量。

近年来，由于环境问题突出，学者逐渐将环境加入区域协调发展指标体系。韩玉刚（2015）构建的指标体系综合反映城市能级与生态环境，共 34 项指标，涵盖了城市经济实力、发展潜力、基础支撑、环境状态、环境污染和环境治理等 6 个功能层。刘建国（2016）认为人口、经济、资源与环境是区域协调发展主要内容，从人口、经济、资源环境 3 方面筛选了包括常住人口数、人口增长率、外来人口比重、GDP 总量、人均 GDP 等 17 项指标构建指标体系。王明杰（2020）构建了包含产业发展、工业发展、资源环境三方面的区域协调发展指标体系。

公共服务也逐渐被更多学者纳入区域协调发展系统。毛阳海（2019）构建的西藏区域协调发展测度指标体系包括 7 个一级指标，在只包括经济增长、经济结构、公共服务和发展潜力的指标体系基础上，结合西藏区域发展实际，增加了经济规模、区域布局、要素流动与市场一体化、经济发展与生态环境的协调、地区间互联互通与经济关联度等内容。王曙光（2017）为研究区域经济协调发展，构建了由经济增长、经济结构、公共服务、发展潜力组成的区域经济协调发展 ISSP 测度指标体系。张可云（2019）构建了包含基本公共服务、基础设施和生活保障三个方面的区域协调发展水平测算指标体系。刘叶青（2020）认为区域协调发展需要考虑经济效益、基本公共服务和生活环境三个方面，在分析我国区域发展不平衡问题时，将从以上三个角度构建指标体系。张超（2020）在经济和生态子系统基础上考虑公共服务、基础设施及人民生活三个层面，构建了包含经济发展系统、公共服务系统、基础设施系统、人民生活系统及生态环境系统 5 个子系统共 19 项指标。王婧（2020）在衡量河南省区域协调发展水平时，将公共服务作为重要考察方向，最终筛选了 24 项指标。刘强（2021）构建了包括经济发展、生态环境、创新能力、公共服务四个维度的区域经济协调发展评价指标体系；并从三大地带和八大经济区域两个视角，对区域协调发展的差异进行了时空分解。

城镇化也是区域协调发展水平常见的考虑因素。林倩茹（2014）在三化的基础上加入城镇化水平的视角，分析我国 31 个省区市的四化协调水平。使用空间距离方法测算协调度。王丽艳（2015）从城镇化的角度探讨区域协调发展，人口城镇化水平以人口构成、产业结构和生活水平三个方面共 7 项指标来反映，土地城镇化水平通过投入水平和产出水平两个方面共 5 项指标来衡量，构建指标体系。阮云婷（2017）指出城乡区域协调发展涉及经济增长、社会发展、城乡居民生活状况及生态环境等多个方面的协调发展，构建的城乡区域协调发展评价体系包含城市与农村的四个大框架，共计 30 个指标。

区域协调三系统的研究相比两系统的研究较少。马惠敏（2019）研究了区域生态—经济—社会的协调发展；孙立成（2012）从总量、结构和质量三维角度衡量能源、经济和环境构成的 3E 系统。关于区域协调发展水平的研究，以经济方面的指标进行研究的文献最为常见，在具体的指标选择上，也由单一的国内生产总值等指标转向复合型的评价指标体系。例如，张爱儒（2008）通过人均 GDP、第二产业增加值、第三产业增加值、财政收入、农林牧渔业总产值和人均固定资产等指标测度经济发展水平的差异。孙建萍（2011）以经济、社会和资源环境三个子系统构建了涵盖 31 项指标在内的区域协调发展指标体系，强调了经济协调发展的首要地位，体现了三者协调一致的思想。孙久文（2013）从区域人文和区域自然两大方面出发构建区域系统协调发展指标体系，其中区域人文系统包括经济、社会和人口在内的三个层面共 21 项指标，区域自然系统涵盖资源和环境两个层面共 9 项指标。邓宏兵（2019）将区域协调发展的研究视角转向经济、社会和生态三大子系统。构建的指标体系共 29 项指标，涵盖经济子系统的经济水平、经济结构、经济效益和经济外向度四个方面，社会子系统的基础设施、社会保障和科教水平三个方面，生态子系统包括资源利用和环境保护两个方面。

研究者在不断地研究中考虑的因素更加多样，逐渐形成四系统评价指标体系。李兴江（2007）给出的评价指标体系共 16 项指标，囊括四个方面，除考虑经济因素外，还加入了科技与人口、科技与居民生活水平和生态环境等方面的指标。郭敏（2012）提出了由经济发展、社会发展、人口发展和资源环境发展四大类构成的区域协调发展评价指标体系。冯江茹（2014）分为基于对经济发展、社会进步、环境质量和资源状况四个方面，筛选了20项指标构成评价指标体系。刘兴远（2014）构建区域协调发展评价指标体系时，从区域经济、区域城乡、区域社会、区域生活水平和区域资源环境5个子系统角度出发，共包含20项指标。韩书成（2020）综合经济、社会、生态、人口和土地5个维度构建城镇化耦合协调综合评价指标体系。

除此之外，还有一些学者角度研究较为少见。孔伟（2020）研究区域高等教育与科技创新之间的耦合协调，构建包括反映教育要素、教育结构、教育环境和教育功能4个方面的12项指标，反映创新要素、创新结构、创新环境和创新功能4个方面的12项指标。杜传忠（2013）从制造业和生产服务业视角出发进行协调发展的研究，认为制造业和生产性服务业的协调发展关乎产业结构升级，并从规模水平、结构水平、增速水平和效益水平四个方面给出了指标体系。申燕燕（2013）分为人口层面和经济层面构建区域人口和经济的指标体系，最终给出了16项指标，涵盖了经济整体水平、经济综合实力、居民生活条件、人口素质和人口结构等方面。罗永华（2016）在研究港口物流和区域经济协调发展时，选取了农林牧渔业、工业、建筑业、金融业、邮电业、进出口贸易总额、全社会固定资产投资和社会消费品零售总额8项指标衡量区域经济，选取港口吞吐量衡量港口物流发展。

2. 区域协调发展指标权重研究

区域协调发展中，对于指标权重的研究宏观上来说分为主观赋权和客观赋权两种。主观赋权因其本身不可避免的主观性常与客观赋权方法结合使用。例如，刘兴远（2014）在研究江苏的区域协调发展时，将专家意见作为层次分析法计算权重的基础；韩书成（2020）结合主观赋权法和客观赋权法，先采用专家咨询法求取准则层权重，再结合层次分析和熵值法对指标层求取权重。

大多数学者的研究中使用客观赋权方法确定权重，其中，使用熵值法的研究较多。来逢波（2014）对山东省综合交通体系与山东省区域经济空间格局的协调发展情况进行评价时使用熵权法确定指标权重。韩玉刚（2015）对城市能级和生态环境两系统进行协调发展研究时，因熵值法客观性较强，选择熵值法确定权重。孙久文（2013）和孔伟（2020）在确定区域协调发展指标权重时均使用熵值法确定指标权重。张超（2020）将熵值法作为指标权重计算方法，并结合加权求和法对上级指标进行测度。

此外学者们多使用一些常见的确定权重的方法，如主成分分析法、因子分析法、变异系数法、均方差法、层次分析法等。宋帅邦（2014）在研究新疆区域的协调发展水平时，选择变异系数法确定权重。冯江茹（2014）、殷佳迪（2016）、王婧（2020）考虑指标个数较多，使用均方差法确定指标权重，避免主观影响的同时能突出局部差异性。刘建国（2016）在对北京区域协调发展进行评价研究时，考虑到指标数量较多，其选取了主成分分析法评价各子系统的综合发展指数。刘叶青（2020）同样使用主成分分析法确定区域协调指标体系中各指标权重。王曙光（2017）为使指标权重更加客观，使用因子分析法确定权重。

还有学者将两种或多种方法结合使用。例如，张可云（2019）结合层次分析法、效用函数合成法以及熵权法多种方法测算指标权重；鹿晨昱（2017）不同于其他学者使用单一方法确定权重，选择层次分析法和熵值法进行综合赋权。

3. 区域协调发展测度方法研究

区域协调发展水平的测量仅有指标体系是远远不够的，构建协调度模型的测度方法是测度区域协调发展水平的关键。国外学者使用的测度方法集中于：威廉姆森（Williamson，1965）采用变异系数法（coefficient of variation method）、格雷厄姆（Graham，1976）应用基尼系数法（gini coefficient）、泰尔（Theil，1992）应用泰尔指数法（Theil index）等。国内许多学者在研究中给出了不同的度量模型，除基本方法外，学者们常根据研究具体内容进行方法的改良或变形。孙继红（2014）采用欧式距离公式的距离协调度模型，对中国31个省区市高等教育状况与经济系统协调状况进行了测度。孙倩（2012）通过分析现有距离协调发展模型的缺点，提出了改进后的欧氏距离协调发展度聚类模型。孙立成（2012）提出 PLS－SEM

模型（即偏最小二乘结构方程模型：partial least square – structural equation modelling，PLS – SEM），减少显变量存在的高相关性对结果的影响，弥补了现有测度方法的缺陷。徐婧婧（2019）认为离差系数模型不能完全表示出区域经济的协调度发展具体情况，因此她提出了改进的离差系数模型，使其客观地呈现社会经济的协调互动发展的具体情况。

除此之外，邓宏兵（2019）借助耦合协调模型得到经济、社会和生态之间的耦合协调度，运用协调度来测度三大系统的区域协调发展水平。冯江茹（2014）使用变异系数对中国 31 个省区市自治区的经济、社会、环境、资源四个方面综合协调发展水平进行了测度。殷佳迪（2016）利用线性加权模型计算各子系统的综合评价得分，进而得到该地区的综合发展水平和区域发展的协调度。鹿晨昱（2017）选择序参量协调度评价模型分析经济、社会、资源和环境系统内部协调度。刘建国（2016）在对北京区域协调发展进行评价研究时，使用协调度模型来分析人口、经济、资源和环境 3 个子系统的协调水平。王明杰（2020）借助耦合模型和 GIS 实际测度了成都市产业与资源环境的协调度。刘强（2021）提出非参数测度，使用均值差法用来测度区域间的发展不平衡程度，极差法测度区域内的发展不平衡程度。罗永华（2016）从相关性和空间差异两个方面进行广东省港口物流与区域经济协调发展测度研究，其对协调发展的相关性采用灰色关联模型进行分析，其中，协调发展的空间差异性通过赛尔指数进行分析。宋帅邦（2014）利用协调度测度模型和空间差异测度模型研究新疆的区域协调发展水平。对于各区域协调发展状况的差异，学者们普遍使用空间基尼系数来衡量。昝国江（2015）使用泰尔指数中的 T 指数对河北省区域经济差异进行测度，对区域经济总体、区内经济和区际经济差异进行了分析，根据测度结果衡量河北省区域经济协调发展水平。任波（2016）研究了区域竞技体育和经济协调发展，使用泰尔指数和人口集中度对区域竞技体育水平与经济发展水平的协调程度进行测度，发现这两种方法都能很好地应用于分析区域协调发展问题。祝志川（2017）使用由偏最小二乘路径模型和灰色关联分析模型构成的 PLSPM – GRA 测度模型，解决绿色化与新型工业化、城镇化、信息化、农业现代化协调发展的测度问题，得出该系统的协调发展水平。覃成林（2019）对粤港澳大湾区的协调发展水平进行测度时，使用莫兰指数（Moran's index）和变异系数所得综合指标计算区域协调发展度。陶涛（2019）利用人口与经济匹配度指标对云南省区域协调发展水平进行测度，对 R 指数进行动态效应分解以解释区域协调发展过程中人口与经济匹配度变动的原因。高志刚（2020）采用人口加权标准差系数测度区域经济绝对差距，采用基尼系数和人口加权变异系数测度区域经济相对差距。

4. 交通与区域发展耦合协调性研究

交通与区域经济是国外关于交通与区域发展关系研究的开端，由于西方国家交通基础设施早于其他发展中国家，因此美国、德国、法国较早地开始了研究。国外学者对交通和区域的研究主要集中在交通和区域经济关系的理论研究中。早在 18 世纪，亚当·斯密就发现并提出了交通和经济相互影响和相互作用的关系。早期学者索洛（Solow，1957）将交通基础设施作为经济发展研究中的一项指标并发表了古典经济增长理论。随着时间的推移，20 世纪之后研究逐渐深层次化。帕斯韦尔（Paaswell，1994）认为交通基础设施和区域经济公平之间存在着密不可分的联系，交通基础设施的投资对经济积累有正向促进作用。马耶夫斯基（Majewski，1996）通过对交通的投资分析，进一步发现了区域经济随交通投资的变化，指出运输网络的不足会限制市场，阻碍经济发展。威尔逊（Wilson，1979）通过对加拿大西部地区交通运输与区域经济的量化研究发现，交通运输应满足现有经济基础的要求。汉斯曼（Hansman，2011）从全球视角分析 139 个国家航空运输对经济的影响。阿拉姆（Alam，2004）通过数据包络分析法分析交通运输投资的技术效率，研究出孟加拉国交通运输投资对区域经济发展的作用，验证了二者之间的关系。欧文（Owen，1987）认为运输系统的要求要适应未来工业交通的扩张。马修·G. 卡拉菲斯（Mattew G. Karlaftis，2004）使用 DEA 模型分析了美国交通系统运输效率和经济之间的关系。杉尾孝夫（Takao Suguiy，2020）运用 DEA 和马尔姆奎斯特指数评估巴西交通系统的概况。

国内关于交通与区域发展的耦合协调性研究开始较晚，从对交通评价指标体系的构建可以看出，多数文献研究交通与区域发展的耦合协调偏向于交通和经济子系统之间的耦合协调。尚静静（2017）为客观分析青海省公路运输和区域经济之间的协调发展关系，结合青海所处地理环境和实际概况，给出了公路里程、居民汽车拥有量、公路网密度 3 个交通网络指标来构建评价指标体系。聂正英（2019）在评价京津冀地区交通和区域经济的协调发展时，构建了交通一体化系统和经济子系统指标体系。交通运输系统指标涵盖了交通运输规模、交通运输布局、交通运输投资 3 个方面，又细分为客运量、货运量、客运周转、货运周转量、铁路营业里程、公路通车里程、交通基础设施投资 7 个指标。潘振兴（2019）在研究新疆铁路网和区域经济耦合协调关系时，将其分为铁路网子系统和经济子系统。从路网投入和路网产出 2 个方面共 12 个指标反映了铁路网子系统；从经济规模、经济结构、经济水平、经济效率 4 个方面共 11 个指标反映了经济子系统。方罗术（2017）在研究陕西省交通基础设施与经济增长协调发展时，认为二者是相互促进和发展的关系，根据科学、系统的原则从交通基础设施、运输网密度、建设投资 3 个方面选取反映规模、水平、发展共 13 项指标，构建了陕西省交通基础设施与经济协调发展评价指标体系。卓嘎措姆（2019）在研究西藏交通运输与区域经济协调发展时，将其评价指标体系分为交通运输和经济发展 2 个子系统，选取 14 个具体指标，其中公路交通密度、民用车辆拥有量、总客运量等 7 个指标反映了交通运输子系统。栾庆熊（2018）构建了公路运输—区域经济耦合协调度测度指标体系，其中，公路运输系统共包含 8 个测度指标，这些测度指标反映了公路区域运输现状和需求两个方面。袁野（2018）研究了京津冀地区铁路运量对区域发展的支撑作用。从铁路客运量、旅客周转量、货运量、货物周转量 4 个方面，分析京津冀地区铁路与经济、人口等的协调关系。

交通和区域发展的协调度的研究方法包括耦合协调模型、数据包络分析模型等方法。彭婕（2019）使用耦合协调模型，测度长沙市区域交通与城市发展的耦合协调关系。陈小红（2018）采用耦合协调模型对综合交通优势度与区域经济之间的耦合协调程度进行分析，得出综合交通优势度与区域经济发展呈现较高的空间耦合度。钟文（2019）通过构建最优资源再配置理论模型，依靠回归方程分析了交通基础设施对区域协调发展的效应和机制。张润（2018）通过构建 G－E－DEA 协调度模型，分析时间变化下交通运输与区域经济的耦合协调关系，得出交通运输与经济发展协调度呈现正相关，这对经济有很大的促进作用。陈巧丽（2020）构建了综合交通运输与区域经济协调发展模型、综合交通运输区域经济的影响效应模型，分析了中国各省份的耦合协调差异和二者耦合协调的内在机理及影响要素。

1.3.3　文献评述

1. 交通可达性研究评述

在国内外学者的研究中，一方面，可达性的应用领域较为广泛，研究较为多样；另一方面，研究者重点研究的是交通可达性与经济发展之间的相互影响。但是对于交通可达性指数的研究，普遍比较单一，计算方法较为简单。并且目前可达性研究一方面多集中于新建的交通基础设施，如新建的高速铁路和公路，但是对于区域原有的交通可达性研究的不够；另一方面集中于省域区域的研究，对于县域区域的研究较少，而提到县域交通可达性研究的文章，大多是多个县域组成的区域，而不是单个县域区域的研究。总体而言，可达性研究主要还是关注于特定的交通线路或交通方式对区域可达性的影响，特定行政区域的综合交通网络可达性研究虽然也有一定数量，但主要是对过去某一阶段的可达性进行分析研究。目前的研究中，对于交通可达性的计算方法的研究不够重视。研究者的重点在于利用多个模型来发现交通可达性与经济发展之间的联系，但是对于研究中交通可达性这个参数的计算方法界定的准确性还有欠缺。现有模型对于交通可达性的计算往往较为主观，或是基于最短路径，或是基于最短旅行时间。本书认为这样的计算方法不够严谨。基于此，本书着重研究交通可达性模型，对其进行了对比并分析其中的不足，最后进行合理的改进，提出县域交通可达性模型，并以该模型对交通可达性与区域协调发展关系进行分析。

2. 交通与区域协调发展研究评述

通过对区域协调发展与高速交通的评价指标体系、指标权重确定方法、测度方法三个层面进行文献梳理可以发现，区域协调发展问题已经积累了许多文献，并且研究视角也经历从单一视角到多个视角的转换，研究成果颇为丰富，但研究局限性仍然存在，主要反映在两个方面。一是区域协调发展评价指标众说纷纭，没有形成统一的指标体系。虽然已有包含经济、社会、生态、人口等多个系统的综合评价，但在基本公共服务均等化、社会公平化、环境资源等方面研究较少且不够深入。二是在区域发展与高速交通协调关系测度方面，测度方法仍然有待突破和研究，现有研究需要打破这一难点。提出更多样化的方法模型。基于此，本书期望在进行区域协调发展和高速交通时空耦合关系研究时，汲取前人的经验，在已有文献的基础上构建全面、科学的区域协调发展与高速交通评价指标体系。在确定指标权重时，选择主客观综合权重，以保证指标权重的科学准确，避免受单一主客观方法的影响。最后尝试对区域协调发展水平定量测度方法的创新，分析区域协调发展和高速交通时空耦合协调演化趋势与空间差异。

1.4 本书的主要内容

本书综合运用管理学、区域发展理论、系统工程等综合知识，以提高区域协调发展与高速交通系统耦合协调度为目标；在借鉴国内外相关研究的基础上，通过文献分析、定量与定性分析、实证分析等方法，提出了基于投影寻踪模型的县域交通可达性改进模型；探寻了区域协调发展中的县域综合交通运输问题；分别构建了区域协调发展评价指标体系、高速公路评价指标体系和高速题录评价指标体系；建立了区域协调发展与高速交通协调度发展的耦合协调模型；最后以河北省为研究区域进行区域协调发展与高速交通网络耦合协调性实证研究。具体章节内容如下。

第1章为绪论。主要阐述本书的研究背景、高速交通网络与区域协调发展耦合研究的意义；界定了区域协调发展、高速交通网络、耦合和系统耦合相关概念的基本概念，对区域协调发展与高速交通网络的耦合作用进行了总结分析。在此基础上，对交通与区域协调发展研究进展进行了综述分析，最后阐述本书的研究内容和结构。

第 2 章为区域协调发展相关理论基础。本章介绍了区域协调发展与高速交通耦合性研究涉及的相关理论，主要包括可持续发展、区域非均衡增长、耦合协调等区域协调发展理论；对研究应用的主成分分析法、相关分析、权重方法、协调度模型、灰色关联度模型等作了介绍；最后介绍了交通可达性模型和投影寻踪模型的主要内容和处理方法。

第 3 章为基于投影寻踪模型的县域交通可达性改进模型。首先比较了交通优势度模型和交通可达性模型，其次分析了交通可达性模型的影响因素，优化了县域交通可达性基本模型，最后通过分析提出县域交通可达性优化模型，并将该模型应用于石家庄市各县的交通可达性计算。

第 4 章为区域协调发展中的县域综合交通问题。首先在总结我国新型城镇化内涵的基础上，提出我国新型城镇化的关键是县域产业聚集，并从理论和实践的角度进行了论证；其次针对县域综合运输体系发展中存在的一些问题，分析了县域综合运输体系对县域产业聚集发展的影响，提出了县域综合运输体系规划中应注意的一些关键性问题，并提出了河北省县域发展中综合交通系统发展建设的对策建议；最后利用县域交通可达性优化模型对山东省德州市所辖 9 县区的交通可达性进行了研究，并分析了铁路车站站点设置对县域可达性和县域经济发展的影响。

第 5 章为区域协调发展评价指标体系。主要阐述了评价指标体系的构建原则和构建过程，对主成分和相关分析实证筛选方法和指标筛选过程进行了简单介绍，最终给出了指标体系结果，构建出全面反映区域协调发展包含经济、社会、生态环境和公共服务四个子系统的评价指标体系。

第 6 章为高速交通网络评价指标体系与综合评价模型。本章分别给出了高速公路和高速铁路的评价指标体系的构建结果，提出了改进的指标综合赋权权重测算方法、测算区域协调发展与交通协调度的耦合协调模型。使用了主成分分析法和熵值法两种不同的方法进行测算，并运用最优化组合中的最小二乘法进行了组合赋权，对主成分法的判断矩阵构造进行了改进。

第 7 章为河北省区域协调发展与高速交通网络耦合协调性研究。首先介绍了研究区域基本概况，对河北省区域协调发展和高速交通现状进行了分析。其次根据第 6 章给出的权重模型和综合评价模型，以河北省的时间序列数据和各地级市的面板数据为支撑，分别从省域层面和地级市层面，对区域协调发展与高速交通的综合发展水平进行了时序演化分析和空间差异分析。最后利用耦合协调模型，分别测算河北省与地级市区域协调发展与高速交通的耦合协调度，并利用灰色关联度模型分析区域协调发展与高速交通各指标中对二者耦合协调度影响最大的因素。

第 ② 章

区域协调发展相关理论基础

本章首先对高速交通网络与区域协调发展耦合性研究涉及的相关理论方法进行了介绍，主要包括可持续发展理论、区域非均衡增长理论和耦合协调理论等。其次对主成分分析法、权重方法、协调度模型及灰色关联度模型等作了介绍。最后介绍了交通可达性模型和投影寻踪模型的处理方法。通过本章的研究，将为后续研究工作的展开奠定理论基础。

2.1 区域协调发展理论基础

2.1.1 可持续发展理论

在人类文明长河中，初期的经济社会发展比较缓慢，主要产业为农业，生产效率较低，但生态效率较高。这一时期人口较少，人类对地理环境的作用强度比较低。第二次世界大战后，世界经济进入繁荣发展期，各国都在努力抓住战后几年的和平时期，大规模推进工业化。各国竞相大规模开发资源，不断从大自然中索求大量物资，同时也排放出大量的废弃物。经过十几年的经济增长，粗放式、掠夺式的传统开发模式弊端在 20 世纪 60 年代全面暴露：水资源污染、沙漠化的扩大、森林面积锐减、生物多样性减少、各种疾病怪病频发、生活质量退化等问题相继出现。人类在创造工业成绩的同时造成了日趋严重的资源、环境和生态等问题，人类的发展受到了严重的威胁。人们对旧的发展模式有所怀疑，开始寻找新的发展思路和模式，期望在提高经济效益的同时，又能很好的保护大自然，即达到人地和谐的状态。可持续发展理论由此应运而生。

可持续发展思想源于自然保护的思想，是人类在对人地系统认识不断深化的过程中逐步形成的。在农业、畜牧业出现之前的漫长岁月里，人类本能的利用大自然，采集植物和果实、捕食动物用于裹腹，并以生理代谢过程与环境进行物质和能量的交换。此时的人对地理环境的作用强度小，人与地处于原始状态。农业和畜牧业出现后，人类开始自觉的改造环境，获取食物的方式由采集转换到生产。在生产过程中，不合理的灌溉造成水土流失，为了获取建筑材料和薪柴、为了拓展农业，人类开始砍伐森林。随着农业生产力的发展，人口增长到一定的数量，人类对自然的干扰强度增大。人类逐渐认识到人口增长对环境的压力，明代的冯梦龙曾明确提出节制生育的主张。英国马尔萨斯（Thomas Robert Malthus）提出"马尔萨斯人口论"，呼吁人类控制人口增长，否则，算数级数增长的生活资料难以满足几何级数增长的人口需求，人类将会陷入贫困[①]。

18 世纪下半叶，工业革命首先在英国发生。伴随着工业经济的快速发展，生产力水平得到极大的提高，人对自然的改造能力大幅度提升，人类开始憧憬美好的未来。人类树立了战胜自然的信念，沉浸于改造自然、征服自然的欲望中，忽视了对生态环境的保护。随着工业化的进行，一些新兴的工业化国家综合实力已经超过了工业先驱国，为取得在全球经济中的支配地位，他们之间展开了激烈的军备竞赛和对殖民地的争夺，导致了第二次世界大战的爆发，第二次世界大战大规模武器的使用，直接破坏了自然环境。第二次世界大战后，贫困落后新独立的国家着力发展经济，以大量消耗资源和粗放经营为特征的粗放发展模式，造成了环境污染、资源枯竭，导致经济发展难以持续。随着社会和经济的发展，人们在疯狂地追逐经济利益中忽略了对生态资源可持续性的保护，生态

---

① 托马斯·罗伯特·马尔萨斯. 人口原理 [M]. 杨菊华，杜生红，译. 北京：中国人民大学出版社，2018.

遭到严重破坏，工业化大规模推进，环境污染问题逐渐严重起来。20 世纪 70 年代出现了悲观派和乐观派之间的大论战。悲观派以马尔萨斯（Thomas Malthus）、加勒特·哈丁（Garret Hardin）和保罗·埃利希（Paul Ehrlich）为代表，主张"零增长"；乐观派以朱利安·林肯·西蒙（Julian Lincoln Simon，1981）为代表。西蒙出版《没有极限的增长》（*The Ultimate Resource*）一书，对德内拉·梅多斯等（Donella Meadows et al.，1972）合著的经济学著作《增长的极限》（*The Limits to Growth*）中的很多观点进行批驳，他认为技术进步可不断制造新资源，同时能解决污染问题，认为增长是没有极限的。两派之间对环境与发展问题展开激烈的讨论，人们对全球环境问题有了更深入的认识和了解，对人在人地系统中的地位也有了新的思考。

　　1972 年，联合国在瑞典首都斯德哥尔摩召开的人类环境会议上提出了可持续发展的思想。1987 年世界环境与发展委员会（world commission on environment and development，WCED）在其出版的《我们共同的未来》（*Our Common Future*）一书中第一次提出可持续发展的概念："既满足当代人的需要，又不对后代人满足其需要的能力构成危害的发展"[①]。1992 年在巴西里约热内卢召开的联合国环境与发展大会上，WCED 发布了《里约环境和发展宣言》和《21 世纪议程》，认为全球环境问题对人类生存与发展已构成现实威胁，要求改变不可持续的增长方式和消费方式，走可持续发展道路。可持续发展概念由此被提升到"全人类共同的发展战略"的高度上，并由理论推向行动。2012 年在巴西举办的"里约 + 20"峰会上，发表了《我们期望的未来》成果文件，提出世界各国"再次承诺实现可持续发展，确保为我们的地球和今世后代，促进创造经济、社会、环境可持续的未来"[②]。随着人们对可持续发展认识的逐步深入，各主要国家都加快转型，进一步凝聚绿色循环低碳发展的共识。可持续发展的概念包括三个原则：发展、公平和可持续性。

[①]　世界环境与发展委员会. 我们共同的未来 [M]. 王之佳，柯金良，译. 长春：吉林人民出版社，1997.

[②]　邓继海，辛小光. 里约归来，绿色产业如何革新 [J]. 中国经济周刊，2012，(28)：22 - 23.

第一，发展原则。可持续发展观是一种全新的发展观，它不同于零增长模式，也不同于传统增长模式的含义。可持续发展的前提是发展，承认各国和各区域的发展权，认为只有积极的发展才能解决面临的问题。目前发展中国家正在承受着生态恶化和贫穷的双重压力，贫困是生态恶化的根源，生态恶化又加速了贫穷。对发展中国家来说，发展是第一任务，只有发展起来，才有能力摆脱贫穷，提高思想观念，提高资金积累和技术能力，进而保护生态环境。发展是多维的，包括：经济增长；经济增长方式的转变；人口素质的提高；就业、水和卫生等基本需求的满足；地球的资源支撑能力得到提高；发展与环境保持协调；等等。

第二，公平原则。其包含两层含义：一是时间公平；二是空间公平。时间公平是指当代人在追求发展和消费时，要考虑到后代人的发展需求。地球自然资源是有限的，环境容量也有限，当代人不能片面地追求今世的发展和消费，而剥夺后代人发展和消费的机会。与后代人相比，当代人在资源利用和开发方面处于无竞争的主宰地位，当代人必须树立为后代人着想的观念，不能仅为了自己的发展而导致后代人福利的减少。空间公平是指各国家、地区共享美好的自然环境及发展成果，它要求满足所有人的基本需求，要尽力消除贫困，满足人类追求较好生活的机会，不能因为某个区域的发展而剥夺其他区域发展的权利。区域之间存在环境关联，在区域内部和区域之间应实现资源利用和环境保护两者的成本效益的公平负担。

第三，可持续原则。各区域具有经济发展权，但经济的发展不能超过资源和环境的承载能力，要适当地投资于自然资本，确保资源的永续利用。丰富的自然资源和良好的生态环境是人类生存和发展的基础，可持续发展强调对自然的珍爱和保护，经济发展要与资源环境的承载能力相协调，要求人类对不可再生资源进行合理开发与节约使用，对可再生资源永续利用。可持续发展强调人必须把自己当成自然界中的普通一员，不能凌驾于自然之上，要彻底改变那种认为自然是一种可以任意利用、任意改造的对象的观念，在谋求人类利益的同时要尊重和保护自然，真正做到珍爱自然，与大自然和谐共处。

可持续发展观不同于传统的发展观念，但也不意味着对传统发展观的全面否定。传统的发展观只重视经济发展，对社会进步和生态环境关注不够。可持续发展观不仅重视经济发展，而且注重社会进步和生态环境保护，它拓展了"发展"的内涵，是经济—社会—环境三维一体的发展观，体现了人地和谐的思想。可持续发展观认为资源和环境都是有价的，资源和环境是经济发展的基础，如果在发展进程中只顾发展经济，不顾自然的承载能力，可能会导致资源耗竭危机和生态破坏、环境污染等问题，这将会制约经济的发展。因此在发展过程中，应依据客观规律办事，要节约资源而不是浪费资源，要保护环境，采用集约型增长方式，确保区域良性发展。

可持续发展强调永续性的发展，它既考虑经济效益，同时兼顾社会效益和生态效益；它既考虑当前利益，也考虑长远利益，可使区域获得永续性的良性发展。

可持续发展包含三个层次：人和人的协调、人和地的和谐及人和天的和谐。第一层次是人和人的协调，该层次是最低的层次，它重点强调区域间人和人的关系，人和人平等相处，不发生冲突。第二层次为人和地的和谐，着眼于人和地理环境的关系，在区域发展的同时，地理环境向良性发展。从区域角度来看，区域间利益分配存在矛盾，影响着人与自然关系的和谐，人与地的和谐发展必须以人与人的协调为基础。第三层次为人和天的和谐，这是可持续发展的最高层次，人和天地协同进化，人天地共同繁荣，该层次着重人和大自然的关系。

综上所述，可持续发展观追求的是人与自然和谐的系统价值观，它强调整体利益的最大化，不仅追求经济目标，而且追求社会目标和生态目标，它不仅考虑当代人的利益，还考虑后代的利益，期望后代也能安居乐业，它希望人和地能够和谐演化，区域能够永续发展，它不但追求某一地区的发展，也追求整体的发展。关注公平、关注持续性、关注协调，正是区域协调发展的重要内容之一。

2.1.2　区域非均衡增长理论

受整个国家和区域经济增长方式的影响和制约，作为中观意义上的区域经济发展问题，可以看作国家整体经济增长方式的一种地域表现。以不同的经济增长理论为支撑，对区域经济增长的研究产生了均衡和非均衡两种截然相反的结论。在区域经济非均衡增长理论产生之前，新古典经济学的区域经济均衡增长理论处于主导地位。区域均衡增长理论存在诸多缺陷，与发展中国家的客观现实存在着较大差距，无法解释现实的经济增长过程。因此，经济学家提出了区域非均衡发展战略理论。该理论采用动态的非均衡和结构主义分析方法研究区域发展问题，分析区域经济差异产生的必然性，以及区域与区域之间极化与扩散的相互作用关系。由于该理论可以较好地解释区域差异的现实问题，已成为国内外区域规划研究、区域发展研究最为重要的理论基础。

1. 增长极理论

增长极概念是法国经济学家弗朗索瓦·佩鲁（Fransois Perroux，1950）首次明确提出的。佩鲁认为如果把发生支配效应的经济空间看作力场，位于这个力场中的推进性单位就可以被描述为增长极。佩鲁着重强调规模大、创新能力高、增长快速、居支配地位的，且能促进其他部门发展的推进性单元，即主导产业部门，并着重强调产业间的关联推动效应。增长极理论的实质是强调区域经济的不平衡发展，通过把有限的稀缺资源集中投入到具备规模经济、投资效益明显和发展潜力巨大的少数地区和部门中，可以强化增长极的经济实力，使其同周围地区形成一个势差，并通过市场经济机制的传导媒介力量引导整个区域经济的发展。

佩鲁的增长极理论揭示了"增长极"的作用，说明了"增长极"的重要性，被许多国家用来解决不同的区域发展和规划问题。但佩鲁增长极概念的出发点是抽象的经济空间，他并没有就"增长极"的生成、演化等问题进行深入研究，并且在强调增长极带动作用的同时忽视了其极化效应的负面影响，致使在佩鲁这一理论影响下的许多区域发展政策没有引发增长极腹地的快速增长，反而加剧了区域间的差距。

20世纪60年代中期，佩鲁的学生法国经济学家雅克·布代维尔（Jacques Boudeville）重新系统分析了经济空间的概念，改进了佩鲁的增长极理论，把增长极概念从抽象的经济空间发展推广到地理空间，认为经济空间不仅包含了经济变量之间的结构关系，也包括了经济现象的区位关系或地域结构关系。布代维尔认为创新主要集中在城市的主导产业中，主导产业群所在的城市就是增长极，它可以通过扩散效应带动其腹地的发展。因此，布代维尔主张在经济落后地区建立大型推进型企业，通过培育新的增长极来带动整个区域加速发展。

2. 缪达尔循环累积因果理论

循环累积因果理论是由瑞典经济学家诺贝尔经济奖获得者纲纳·缪达尔（Karl Gunnar Myrdal）于 1957 年在著作《经济理论与不发达地区》（*Economic Theory and Underdveloped Regions*）一书中提出的。他认为，社会经济发展过程是一个动态的各种因素相互作用、互为因果、循环累积的非均衡发展过程。某一社会经济因素的变化，会引起另一社会经济因素的变化，后一因素的变化，反过来又强化了前一个因素的那个变化，导致社会经济过程沿着初始因素变化的方向发展，从而形成累积性的循环发展趋势。在经济循环累积过程中，这种累积效应有两种相反的效应，即"回波效应"（backwash effect）和"扩散效应"（spread effect）。前者表现为资本、劳动力、技术等生产要素受收益差异吸引由落后地区流向发达地区，导致落后地区的衰退，区域差距不断扩大；后者则是当经济发展到一定水平时，这些生产要素出现一定程度的由发达地区又流向落后地区的现象。如果不加强国家干预，在市场机制作用下，回流效应（极化效应）将总是大于扩散效应，从而使发展快的地区将发展得更快，发展慢的地区将发展更慢，导致"地理上的二元经济"结构的形成加剧了经济发展的不平衡。为了防止累积循环因果造成贫富差距的无限扩大，缪达尔寄希望于政府采取积极的干预政策来刺激落后地区的发展，而不是消极等待发达地区或增长极的"扩散效应"。缪达尔的理论从正反两方面论述了"发展极"对其他地区的影响，弥补了增长极理论的缺陷。

3. 赫希曼的极化—涓滴效应学说

1958 年，著名的美国发展经济学家阿尔伯特·赫希曼（Albert Otto

Hirschman）认为，经济发展总是不平衡的，提出了极化—涓滴效应说，用以解释经济发达区域与欠发达区域之间的经济相互作用及影响。赫希曼指出，经济进步并不是同时出现在每一处，当某一处首先出现了增长，经济进步的巨大推动力将使经济增长围绕最初的出发点相集中。他以"北方"指代经济相对发达区域，"南方"指代经济相对落后区域。北方的增长对南方将产生不利和有利的作用，分别称之为"极化效应"（polarized effect）和"涓滴效应"（trickling－down effect）。这与缪达尔的"回波效应"和"扩散效应"相对应。与缪达尔认定的回波效应大于扩散效应而出现循环累积因果不同的是，赫希曼认为在经济发展的初期阶段，极化效应占主导地位，区域差异会逐渐扩大。但从长期来看，涓滴效应将大于极化效应，因为通过北方向南方购买商品和投资的增加等途径可以带动南方的发展，即使经由涓滴效应和极化效应显示的市场力量导致极化效应占暂时优势，也可通过国家干预政策（公共投资的区域分配政策）有效地矫正此种情形，最终缩小南方与北方之间的发展差距。

4. 弗里德曼的"核心—边缘"理论

1966 年，在缪达尔、赫希曼等提出的理论和模型的基础上，美国经济学家约翰·弗里德曼（John Friedmann）将不完全竞争模型引入区域经济的分析。他在《区域发展政策》（*Regional Development Policy*）一书中提出了核心—边缘（center－periphery）理论，将经济系统空间结构划分为核心和边缘两个部分。他基于对委内瑞拉区域经济发展过程的分析，认为区域经济增长是从不平衡到平衡、由互不相关到彼此联系的过程，经济增长的动力最终会使得整个经济逐步一体化。他认为，核心区是指工业发达、技术水平较高、资本集中、人口密集的城市或城市集聚区。核心区具有较高的增长倾向，他们一方面从外围区域集聚生产要素，产生大量创新，另一方面又使创新成果源源不断地向外围区扩散。边缘区是经济发展较为落后、增长速度慢的区域，其发展途径受控于且依附于核心区域，核心区与边缘区共同构成一个完整的二元空间结构。在初级阶段，这种二元空间结构十分明显，但随着政府干预、区际人口迁移、市场扩大、交通运输的改善和城市层次的扩散，核心与边缘的边界会发生变化，区域的空间关系和结构会不断调整，区域经济的持续增长最终将使各区域的优势充分发挥，推动空间经济逐渐向一体化方向发展。他还认为，空间模式会随需求结构、生产结构以及国家的社会和政治结构的变化而变化，如果经济发展的每个阶段都存在一种对应的空间发展模式的话，就应该有一种与之对应的从一个阶段向另一个阶段过渡的切实可行的空间发展战略。

弗里德曼将核心—边缘的发展过程分为四个阶段：一是若干彼此独立的中心—均衡发展的初级阶段；二是单个中心—区域极化阶段；三是多中心并存，外围存在于城市间—区域扩散阶段；四是中心—外围等级结构，实现经济一体化—均衡发展的高级阶段。

弗里德曼的研究丰富了区域经济发展理论，但是他的研究并没有阐述现实中的次级中心的产生原因，从而也就无法解释是何动力最终推动经济一体化。

5. "倒 U 字型理论"和"增长极溢出效应原理"

无论是区域经济增长与发展的非均衡的极化理论，还是新古典均衡理论，都是通过抽象的思考，通过演绎或归纳的方法得出的结论，并没有得到实践的检验。直到 1965 年，美国经济学家威廉姆逊（J. G. Williamson）在《区域不平衡与国家发展过程》（*Regional Inequality and the Process of National Development*）中通过对 24 个国家统计资料的截面和时间序列分析，实证研究论述了经济增长与区域收入差异的关系，提出了区域发展的"倒 U 字型假说"（williamson's inverted – U theory），即随着经济的增长，区域发展差距呈现先发散后收敛的趋势，这一过程用一条曲线来描述就像一个倒写的"U"，如图 2 – 1 所示。他认为在经济发展初期阶段，非均衡过程即区域差异扩大是实现经济增长的必要条件；当经济发展达到一定水平，均衡过程即区域差异缩小同样是实现经济增长的必要条件。该理论将时间因素引入区域空间结构分析，观察到了均衡与经济增长随时间推移呈非线性变化，但他忽视了区域差异缩小过程中政府的作用，只强调经济发展的内在规律和市场作用。

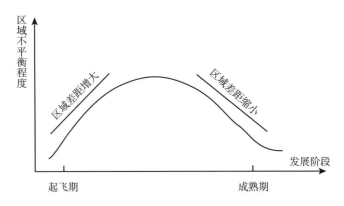

图 2 - 1　经济发展与区域差距的"倒 U 字型"关系

美国经济学家理查森（Richardson，1976）对极化效应与扩散效应随时间变化的规律进行研究，得出极化效应是时间 t 的二次函数，而扩散效应随时间 t 呈指数分布的结论。将极化效应的负向影响（取负值）与扩散效应的正向影响（取正值）进行叠加，则可得到溢出效应，如图 2 - 2 所示。当区域处于成长初期阶段时，极化效应大于扩散效应，净溢出效应为负值，并且这种趋势不断增强，区域发展很不平衡，直至 t_i 时净溢出效应达到最低值。随后，扩散效应逐渐变强而极化效应逐渐变弱，在 t_j 时点两种效应相互抵消，过了 t_j 时点以后，进入区域经济成长的高级阶段，扩散效应开始占主导地位。此后，随着极核地区经济增长势能大规模向外围地区扩散，区域间的经济发展差距逐步缩小。

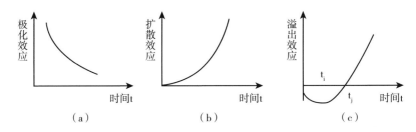

图 2 - 2　极化效应、扩散效应与溢出效应的时间演变特征

2.1.3　耦合协调理论

耦合的概念最早来源于物理学，随着研究的需要，耦合和系统耦合的

概念应用越来越广泛，已逐步渗透到农学、地理学、生物学、管理学、环境经济学和区域经济学等学科中，以及边缘性、交叉性学科等诸多研究领域中。

1. 耦合与系统耦合

耦合（coupling）源于物理学的概念，是指两个或两个以上的事物或系统通过相互作用而彼此间形成的相互关联关系，两者在整个系统的运动变化中相互依赖、相互协调、相互促进。随着耦合理论的发展，耦合的内涵扩展为两个或两个以上的系统通过各种相互作用相互影响的现象（Illingworth V.，1991），系统之间的关系可以归结为各系统内部序参量之间的关联。系统的耦合过程是一个从无序到有序、从局部到整体的发展过程，系统之间的相互关系可以具体表现为磨合、调控、约束或限制，通过系统的相互作用，整个系统可以得到升级和提高。目前，耦合已经在社会学、气象学、地理学、生态学、交通等多个领域中得到了广泛应用（曹佳聪，2021；王杰玉，2019）。

按耦合程度从弱到强的顺序可分为非直接耦合、数据耦合、标记耦合、控制耦合、公共耦合和内容耦合等类型。模块间没有信息传递的耦合称为非直接耦合；模块间通过参数的变化实现基本类型数据的传递称之为数据耦合。标记耦合指模块间通过参数实现复杂内部数据的传递结构，且此数据结构的变化会引起相关模块的变化。通过界面上一个模块传递的开关值、标志量等信号实现对另一个模块的控制，且信号值的调整直接引起接收信号的模块的动作变化，称为控制耦合；一个全局数据项由两个以上的模块共同引用时则称为公共耦合。当一个模块能够直接转入另一个模块或者直接操作或修改另一个模块的数据，且被修改的模块完全依赖于修改它的模块时，称为内容耦合（邵权熙，2008）。

耦合作为自然界中普遍存在的现象，反映了事物之间存在的形式多样的复杂关联性，耦合作为一个描述性概念有层次和程度上的区别，层次较低的是广义的普通耦合。普通耦合经过量变的积累和特殊的质变便会形成较高层次的耦合，称为"超耦合"。超耦合具有自组织性和自随机性等固有属性，反映事物发展进程，正是这种自组织和自随机特征，使得系统在进化过程中产生新结构、新功能（周守仁，1977）。

近年来，耦合的概念已广泛运用于自然或社会经济系统，具体刻画具有因果关系的两个或两个以上的系统，即通过原系统间的相互作用形成新的整体系统，由此产生了"系统耦合（system coupling）"的概念，这一系统耦合过程蕴藏着复杂的变化，包含着众多错综复杂的因子，伴随着物质、能量、信息等流动与循环。按照耗散结构理论，区域自组织发展系统各子系统的交互耦合过程是一个动态涨落过程，其时间组织性决定了该耦合系统是一个演变的动态演化系统，演变的重要机制是偶然性的随机涨落。当组成系统的要素能够促进系统功能充分发挥时，子系统的关系被称为系统耦合，如果组成系统的要素导致系统的功能降低甚至消失时，子系统的关系则被看作是与系统相悖。在自然界当中，每一种系统都是在不停地变动着，总是在平衡状态左右浮动着，绝对的平衡是永远找不到的现象。系统耦合实质上就是多个系统在一定的条件下，形成新的高级系统—耦合系统的系统进化过程。

2. 耦合度和耦合协调度

耦合协调理论包括"耦合"和"协调"理论。耦合作为可度量性的考察系统耦合发展规律的重要工具，耦合度和耦合协调度作为分析的基础，系统相互作用的相关程度用耦合度来衡量，系统间发展程度用协调度来衡量（谢赤，2020）。耦合度与耦合协调度用以量化系统间的耦合协调情况，反映各系统间不同的耦合协调发展程度，"耦合度"可以用来衡量系统内子系统或要素之间彼此相互影响与作用的强弱程度，反映了系统内部序参量之间由无序走向有序的协同作用；"协调度"可以度量系统之间与系统内部各要素之间和谐一致的程度，不仅体现了系统与耦合要素之间的良性循环关系，还体现了系统要素从杂乱无章到和谐共进的趋势，是多个系统与要素之间保持健康、稳健发展的基础（唐未兵，2017；赵传松，2018）。耦合度反映了双方相互作用程度的强弱，难以评价系统之间互动的良性特征；协调度是反映在耦合度基础上的良性程度，体现了协调状况的好坏程度。随着耦合理论应用范围的逐渐扩大，许多学者也逐渐将耦合理论应用到其他领域，多用于两个或两个以上的系统中，耦合理论的主要研究内容在于分析子系统之间相互协调、相互促进的协调水平和作用机理。

耦合度是衡量系统间彼此作用强度的指标。耦合水平越高，说明子系统之间的相互依赖和相互促进程度越高，说明整个系统由无序转变为有序的发展前景越好（王希盼，2021；王伟，2016）。"协调"表示变化的过程，是指在尊重事物的客观规律及系统之间的相互作用机制的同时，利用科学有效的方式，促进系统间的互动，逐渐优化系统，使系统从无序转变为有序，最终实现演进目标。协调度表示两个或多个系统（或系统内部要素）之间的良性相互关联，即系统之间通过合理配合等方式，最终形成良性循环（王伟，2016）。协调度可以度量系统之间发展的和谐程度，体现了系统由无序发展到有序的趋势（蒋天颖，2015），是衡量协调状况的指标（宋瑾泽，2020）。耦合度和协调度虽然都能反映出系统之间的互动关系，但是却有着本质区别。耦合度只能反映系统之间相互作用力的大小，不能评价它们之间互动的优良状态；协调度则可以在耦合度的基础上，衡量系统之间互动的良性程度（刘程军，2017）。因此，将耦合度和协调度相结合，可以更全面的反映出系统之间的相互作用程度。

耦合协调反映了系统内部要素、结构等方面建立的良性互动，系统保持着高效、可持续的发展状态（郑凤娟，2020），其本质就是利用不间断的调整使系统间动态平衡得以维持的过程。耦合协调水平则是用来衡量系统（或要素）之间相互作用关系的耦合程度的指标（高晓慧，2020）。耦合协调水平高，表示系统（或要素）在高水平上互相促进、共同良性发展；耦合协调水平低，则表示系统（或要素）之间互相牵制、约束，系统会变得越发无序，甚至出现停滞、倒退以致最终消亡的结果。

借鉴系统科学相关理论，可以认为高速交通网络与区域协调发展相互作用构成耦合系统。高速交通网络对于区域协调发展有着重要的影响，因此本书探讨了高速交通与区域协调发展的耦合特征与机制。高速交通与区域协调发展耦合系统是一个动态的演化系统，高速交通可达性促进区域协调发展，区域协调发展对于高速交通又有积极的反馈作用，其作用过程受到外部多种因素影响，借助系统耦合的理论与方法，能够有效地分析高速交通与区域协调发展的内部作用路径与外部因素影响机理，从而有助于高速交通与区域协调发展耦合机制理论模式的建立。高速交通与区域协调发展耦合性研究需要从整体上进行剖析，而耦合关系正是从宏观的角度出发，对内部系统之间的相互关联和相互依赖关系进行分析，所构成的研究系统具有一定的整体性、动态性和开放性。

2.2　实证分析方法

2.2.1　主成分分析法

主成分分析，又名主分量分析，是一种主要用于降维的数学统计方法，在许多领域有着广泛的应用。主成分分析可以降低指标的样本维度，定量分析指间的相关性，能够用少数几个综合指标代替原指标，降低数据的复杂度。1901 年卡尔·皮尔逊（Karl Pearson）在研究非随机变量时首次引入该方法，1933 年哈罗德·霍特林（Harold Hotelling）对主成分分析模型进行了推导以使主成分分析可以应用于随机向量。

主成分分析作为常见的统计方法，应用于许多研究领域。主要是基于正交变换把存在关联性的多个变量变换成线性几乎不相关的个数较少的综合变量，这几个综合变量即是主成分。因此主成分分析可以解决某些研究中变量个数过多的问题，而且得到的主成分作为新变量不但个数减少，还能反映原来数据的主要信息，也就是说，主成分分析主要是删去了原始变量中的多余信息，从而起到了降维的作用。简言之，对于变量之间相关性较强的多变量问题，主成分分析将 n 维数据映射到 m 维，得到包含原始变量主要信息的少数互不相关的主成分，有利于进行多元统计分析，简化研究过程。

1. 主成分分析几何意义

假设在二元总体内 $x = (x_1, x_2)'$ 选择数量为 n 的数据集合，并画出数据集合的观测值的散点图，如图 2 - 3 所示。由图 2 - 3 可以发现，散点大多处于一个椭圆中，而且 x_1 和 x_2 存在较强的线性相关性。选择的数据集合在 x_1 轴与 x_2 轴方向上的离散度大致相似，它们的离散度这里选择采用 x_1

与 x_2 的方差进行表示，其中这里的 x_1 与 x_2 的信息量大致相似，损失二者中的任一变量，信息都会丢失很多。如果将图 2-3 中的坐标进行旋转一定的角度 θ，将 x_1 轴与椭圆的长轴方向 F_1 重合，也就将 x_2 轴与椭圆的短轴方向 F_2 重合，则有：

$$F_1 = x_1 \cos\theta + x_2 \sin\theta$$
$$F_2 = -x_1 \sin\theta + x_2 \cos\theta$$

(2-1)

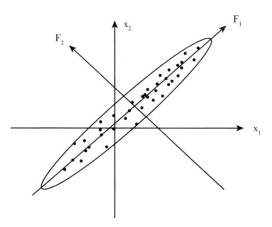

图 2-3 主成分分析几何意义

经过旋转，能够看到在新的坐标系下，n 个点的坐标 F_1 与 F_2 的线性关系极弱，而且在方差方面 F_1 的方差远大于 F_2，这说明了 F_1 中含有原始数据集合的主要信息，即使丢掉变量 F_2，也不会丢失过多信息。在主成分分析中 F_1 为第一主成分，F_2 是第二主成分。

将坐标系旋转就是对数据集合进行主成分分析的过程，原始样本变差最大的方向即为旋转得到的新坐标系的各坐标轴的方向，旋转前后坐标的变换的表达式就是主成分分析的关系式。

2. 主成分分析主要原理

主成分分析的最大优势在于不受原始指标共线性的影响，提取指标信息不重叠的主成分的同时，保证原始指标体系大部分信息不受损失（王德青，2012）。主成分分析将原始指标的线性组合形成综合指标，因此在复杂问题研究中，能够快速抓住问题的主要矛盾，简化问题，提高效率。

区域协调发展的各项指标分别用 $x_1, x_2, \cdots, x_p$ 表示，有 n 个样本，p 项指标，假设样本数据矩阵为：

$$X_{n \times p} = \begin{bmatrix} x_{11} & x_{12} & \cdots & x_{1p} \\ x_{21} & x_{22} & \cdots & x_{2p} \\ \vdots & \vdots & \vdots & \vdots \\ x_{n1} & x_{n2} & \cdots & x_{np} \end{bmatrix} = (x_1, x_2, \cdots, x_p) \qquad (2-2)$$

式（2-2）中，n 为样本数，p 为指标数。

主成分分析是将 p 个变量 $x_1, x_2, \cdots, x_p$，线性组合为 p 个主成分 F_1, $F_2, \cdots, F_p$，其计算公式如下：

$$F_j = a_{j1}x_1 + a_{j2}x_2 + \cdots + a_{jp}x_p = (a_{j1}, a_{j2}, \cdots, a_{jp})(x_1, x_2, \cdots, x_p)^T$$

$$\sum_{k=1}^{p} a_{jk}^2 = 1, \quad j = 1, 2, \cdots, p \qquad (2-3)$$

其中，a_{jk} 为 x_k 的系数；$F_1, F_2, \cdots, F_p$ 之间互不相关，且 F_1 为方差最大的第一主成分，F_2 方差第二大的第二主成分，以此类推。

3. 主成分分析步骤

主成分分析可以分为以下几个步骤。

（1）数据标准化。采用 z 分数（z-score）标准化以降低不同量纲和数量级的影响，z-score 函数如下所示：

$$z = (x - \mu)/\sigma \qquad (2-4)$$

其中，z 为标准化结果，x 为样本的数据，μ 为 x 所在列的均值，σ 为 x 所在列的标准差。z 值表示原始分数与母体平均值的间距，计算单位为标准差。如果原始分数高于平均值则 z 是正数，反之则是负数。

（2）计算 X 的相关系数矩阵 R。

$$R = cov(X) \begin{bmatrix} r_{11} & r_{12} & \cdots & r_{1p} \\ r_{21} & r_{22} & \cdots & r_{2p} \\ \vdots & \vdots & \ddots & \vdots \\ r_{p1} & r_{p2} & \cdots & r_{pp} \end{bmatrix} \qquad (2-5)$$

其中，r_{ij} 表示指标 i 与指标 j 的相关系数，计算公式为：

$$r_{ij} = \frac{\sum_{k=1}^{n} (x_{ki} - \bar{x}_i)(x_{kj} - \bar{x}_j)}{\sqrt{\sum_{k=1}^{n} (x_{ki} - \bar{x}_i)^2 \sum_{k=1}^{n} (x_{ki} - \bar{x}_j)^2}} \quad (2-6)$$

其中，$\bar{x}_i (i = 1, 2, \cdots, p)$ 为相应的均值。

（3）相关系数矩阵 R 的特征值与特征向量的计算。计算特征方程 $|\lambda E - r| = 0$，算出特征值 $\lambda_j (j = 1, 2, \cdots, p)$ 和特征向量 E。

（4）按特征值的大小排序，计算主成分 $F_1, F_2, \cdots, F_p$ 贡献率及累计贡献率，为了降低样本维度和减少弱相关数据的影响，同时保证降维后的样本能基本体现原始数据中的信息，选择累计贡献率大于 85% 的前 m 个主成分。

主成分贡献率为 Q_j，其计算公式为：

$$Q_j = \frac{\lambda_j}{\sum_{k=1}^{p} \lambda_k} \times 100\%, \quad j = 1, 2, \cdots, p \quad (2-7)$$

前 m 个主成分的累计贡献率为 Q_j'，计算如下：

$$Q_j' = \frac{\sum_{k=1}^{m} \lambda_k}{\sum_{k=1}^{p} \lambda_k} \times 100\%, \quad j = 1, 2, \cdots, p \quad (2-8)$$

（5）求解主成分载荷矩阵及前 m 个主成分的主成分矩阵。

主成分载荷指的是每一个主成分相对应的载荷系数，其计算公式为：

$$a_{ij} = \sqrt{\lambda_i} e_{ij}, \quad i, j = 1, 2, \cdots, p \quad (2-9)$$

其中，e_{ij} 为特征值 λ_i 对应的特征向量 e_i 中的第 j 个值。前 m 个主成分的主成分矩阵的计算公式为：

$$F = (F_1, F_2, \cdots, F_m) = (F_{ij})_{n \times m} \quad (2-10)$$

$$F_j = a_{j1} z_1 + a_{j2} z_2 + \cdots + a_{jp} z_p = (a_{j1}, a_{j2}, + \cdots + a_{jp})$$
$$(z_1 + z_2 + \cdots + z_p)^T, \quad j = 1, 2, \cdots, p \quad (2-11)$$

其中，$z_1, z_2, \cdots, z_p$ 为 z-score 标准化后的样本数据。

2.2.2 相关分析

相关分析是一种科学研究中常见的非确定性关系。两个变量之间的线性接近程度多是通过相关性分析来衡量的（曾守桢，2021）。相关性分析发展了三种经典形式的相关系数（丁勇，2019）：皮尔逊相关系数（Fisher，1990）、斯皮尔曼相关系数（Kendall，1990）、肯德尔等级相关系数（Kendall，1990）。皮尔逊相关系数由卡尔·皮尔逊（Karl Pearson）在1985年首次提出，应用较为广泛。相关系数模型如下：

$$r_{ij} = \frac{\sum_{k=1}^{n}(Z_{ki} - \bar{Z}_i)(Z_{kj} - \bar{Z}_j)}{\sqrt{\sum_{k=1}^{n}(Z_{ki} - \bar{Z}_i)^2}\sqrt{\sum_{k=1}^{n}(Z_{kj} - \bar{Z}_j)^2}} \qquad (2-12)$$

鉴于两种方法各自的特点和优势，结合二者进行指标实证筛选。即先对初步筛选的指标进行主成分分析，计算重要性水平，再进行相关分析，分析指标间的相关性，剔除相关性指标后对剩余指标进行第二次主成分分析。通过主成分-相关分析法筛选出的指标，可以实现重要性和独立性共存的目标。

2.2.3　权重方法

1. 层次分析法

层次分析法是一种常见的主观权重测算方法，具有结构清晰且简便的优点，因此应用十分广泛。层次分析法是一种灵活实用的多准则评价与决策方法，最早由萨蒂教授（Thomas L. Saaty，1976）提出。层次分析法于1982年被介绍到我国，应用广泛，包括建立层次结构模型、构造判断矩阵、判断矩阵一致性检验、层次单排序和层次总排序等步骤。

2. 熵值法

熵值法是利用信息熵确定权重值的方法。熵的概念来源于热力学，属于统计物理范畴，用来描述分子运动无序状态（陈启明，2011）。后来逐渐应用发展到不确定理论当中，使用熵来度量信息量的大小，而信息大小与该指标对决策的作用大小相关联。因此熵权的本质是根据指标携带信息多少确定权重。

2.2.4　协调度模型

1. 欧式距离协调度模型

汤玲（2010）通过深入分析协调度模型的本质，发现判断系统是否协调首先要定义系统理想协调状态。因此引入欧式距离公式，建立距离协调度模型。

根据系统实际状态与理想协调状态的距离定义的协调度模型如下：

$$c_t = C\left[\ \overline{S}_t(X_t, X_t')\ \right] \tag{2-13}$$

将欧式距离引入式（2-13），则距离协调度模型为：

$$\overline{S}_t = \sqrt{\sum_{i=1}^{m}(x_{it} - x_{it}') \Big/ \sum_{i=1}^{m} s_i^2} \tag{2-14}$$

$$c_t = \left(\sqrt{1 - \overline{S}_t}\right)^k \tag{2-15}$$

其中，$s_i = \max\limits_{t}\{|x_{it} - x_{it}'|\}$，表示最大可能距离；k 为调节系数；$c_t \in [0, 1]$，值越靠近 1，表示协调性越高。

2. 离差系数最小化协调度模型

钱利英（2013）假定系统属于理想状态时，用离差系数最小化距离计算协调度模型。

以两系统为例，S_1、S_2 代表两系统，U_1、U_2 为两系统的综合发展水平，离差系数最小化协调度模型的计算步骤如下：

（1）离差系数计算两系统距离，公式为：

$$d = \frac{S}{\frac{1}{2}(U_1 + U_2)} = 2\sqrt{1 - \frac{U_1 \times U_2}{\left(\frac{U_1 + U_2}{2}\right)^2}} \tag{2-16}$$

其中，d 为离差系数，S 为标准差。d 越小表示协调程度越高。

（2）计算两系统协调系数：

$$W = \left[\frac{U_1 \times U_2}{((U_1 + U_2)/2)^2}\right]^k \tag{2-17}$$

其中，$k(k \geqslant 2)$ 为调节系数，一般取 k=2。

（3）计算两系统的协调度：

$$D = \sqrt{W \times V} = \sqrt{\left[\frac{U_1 \times U_2}{((U_1 + U_2)/2)^2}\right]^k \times (\alpha U_1 + \beta U_2)} \quad (2-18)$$

其中，α、β 分别为 S_1、S_2 权重，$V = \alpha U_1 + \beta U_2$ 为系统的总功能度。

3. 耦合协调度模型

耦合协调度模型主要由耦合度和耦合发展度两部分构成，耦合度模型是计算耦合协调度的基础，模型如下：

$$C = 2\sqrt{(U_1 \times U_2)/(U_1 + U_2)^2} \quad (2-19)$$

$$U = \sum_{j=1}^{n} w_{ij} x_{ij} \quad (2-20)$$

耦合协调度模型：

$$T = \alpha U_1 + \beta U_2 \quad (2-21)$$

$$D = \sqrt{C \times T} \quad (2-22)$$

其中，T 为综合发展指数，D 为两系统之间的耦合协调度。

4. DEA 协调度模型

数据包络分析（DEA）是一种基于相对效率评价的数据分析方法。数据包络分析方法能够从宏观角度描述互为输入输出系统之间的协调发展情况（罗汉武，2009）。

数据包络分析的原理是假设有 n 个评价决策单元，每个单元有 m 重输入和 s 种输出，公式表述如下：

$$x_j = (x_{1j}, x_{2j}, \cdots, x_{mj})^T, (i = 1, 2, \cdots, m) \quad (2-23)$$

$$y_j = (y_{1j}, y_{2j}, \cdots, y_{sj})^T, (r = 1, 2, \cdots, s) \quad (2-24)$$

其中，$x_{ij} > 0$ 为输入值，j 代表决策单元，i 表示输入的类型；$y_{rj} > 0$ 为输出值，j 代表决策单元，r 表示输入的类型。

实际分析中，有多个输入、输出，这就需要将多个输入输出综合，也就是对输入、输出赋予权重。设 $v = (v_1, v_2, \cdots, v_m)^T$ 和 $u = (u_1, u_2, \cdots, u_s)^T$ 分别为输入和输出指标的权重向量。定义效率指数 h 为：

$$h = \frac{u^T y_j}{v^T x_j} = \frac{\sum_{k=1}^{s} u_k y_{kj}}{\sum_{i=1}^{m} v_i x_{ij}}, (j = 1, 2, \cdots, n) \tag{2-25}$$

效率指数 h 表示第 j 个决策单元的效率，有 $h_j \leqslant 1$。一般的，如果第 j 个决策单元能够在较少的输入状态下得到较多的输出，则 h_j 越大。因此协调度模型为：

$$\begin{cases} \max \dfrac{u^T Y_0}{v^T X_0} \\ \text{s. t.} \quad h_j = \dfrac{u^T Y_j}{v^T X_j} \leqslant 1, (j = 1, 2, \cdots, n) \\ u \geqslant 0, v \geqslant 0 \end{cases} \tag{2-26}$$

利用 Charnes-Cooper 变换（Charnes-Cooper Transformation）方法，令 $t = 1/v^T x_{i_0}$，$\omega = tv$，$\mu = tu$，其中，参数 ω、μ 分别为 k 维与 l 维向量，即 $\omega = (tv_1, tv_2, \cdots, tv_k)^T$，$\mu = (tu_1, tu_2, \cdots, tu_1)^T$，上述模型转化成等价线性规划问题，得出如下结论：

$$\begin{cases} \max u^T Y_{i_0} \\ \text{s. t.} \quad \omega^T X_i - \mu^T Y_i \geqslant 0, i = 1, 2, \cdots, n \\ \omega^T X_{i_0} = 1 \\ A\omega \geqslant 0, B\mu \geqslant 0 \\ \omega \geqslant 0, \mu \geqslant 0 \end{cases} \tag{2-27}$$

2.2.5　灰色关联度模型

灰色关联分析是一种揭示系统内部各因素动态关联程度的分析方法（金玉石，2019）。原理在于根据态势相似度分析关联度，通过计算参考序列和比较序列之间关联度的大小，反映比较序列各因素对参考序列的关系密切程度和影响程度。灰色关联度模型如下：

$$\xi_i(k) = \frac{\min_i \min_k |x_0(k) - x_i(k)| + \rho \cdot \max_i \max_k |x_0(k) - x_i(k)|}{|x_0(k) - x_i(k)| + \rho \cdot \max_i \max_k |x_0(k) - x_i(k)|} \tag{2-28}$$

$$R_i = \frac{1}{n} \sum_{k=1}^{n} \xi_i(k) \tag{2-29}$$

其中，ρ 为分辨系数，ρ 越小，分辨力越大，一般 ρ 的取值区间为（0，1），具体取值视情况而定，当 $\rho \leqslant 0.5463$ 时分辨率最佳，因此通常取 $\rho = 0.5$。

2.3 交通可达性模型

2.3.1 可达性内涵

学者们从很早开始就对可达性进行了研究。1959 年，沃尔特·汉森首次提出了可达性的概念。皮里（Pirie，1979）认为只有根据实际情况，人们才能定义可达性的概念。英格拉姆（Ingram，1971）则认为空间阻隔的大小就是可达性的难易程度。马丁·瓦希（Martin Wachs，1973）和约翰·布莱克（John Black，1977）等学者则认为发展机会越多可达性就会越好。沈青（Qing Shen，1998）提出了可达性的潜力模型。布鲁因斯马（Bruinsma，1995）利用空间节点的研究，认为可达性是由专业的判断来度量的。

可达性到目前为止都没有一个精确的定义，但是学者们都认可可达性是与空间转移相联系的。莫里斯（Morris，1979）认为可达性与交通系统是相关联的。莱因克尔（Linneker，1992）认为可达性的研究对象是可以改变的。金铉敏（Hyun－Mi Kim，2003）基于人和区域将可达性进行了分类。

由以上研究表明，尽管可达性没有准确的定义，但是它们的影响因素主要包括了以下几个方面：一是成本；二是区域吸引力；三是区域的选择。成本中包含了许多内容，它是人们所投入的总和，其中也包括精神上的追求。区域吸引力是相互的，它的影响因素也很多，主要体现在区域的"质量"上面，包括人口、经济等要素。

2.3.2 可达性研究回顾

1. 基于空间阻隔的空间阻隔模型

空间阻隔模型是学者们最早提出来的计算可达性的模型。英格拉姆

（Ingram，1971）提出的模型形式如下：

$$A_i = \frac{1}{J} \sum_{j \in J-i} d_{ij} \text{ 或者 } A_j = \frac{1}{I} \sum_{i \in I-j} d_{ij} \qquad (2-30)$$

其中，i 表示起点位置、j 表示终点位置，I 表示起点的集合、J 表示终点的集合。d_{ij} 表示 i 到 j 的难易程度，A_i、A_j 表示可达性。

因为式（2-30）参数简单，所以应用较为广泛。也正是因为式（2-30）的参数简单，它不能反映其他的影响条件，这也限制了空间阻隔模型的应用。

2. 基于机会累积的累积机会模型

累积机会模型把人的因素作为了首要的参数，它把可达性认为是工作机会的数量。模型基本形式如下：

$$A_i = \sum_j O_{jt} \qquad (2-31)$$

其中，t 是阈值，O_{jt} 是区域 j 中的机会，区域 j 的选择标准是其到区域 i 的距离小于 t。

3. 基于空间相互作用的空间相互作用模型

空间相互作用模型是在空间阻隔模型基础上发展来的。此模型与空间阻隔和研究区域的影响程度有关，其基本形式如下：

$$A_i = \sum_j \frac{D_j}{d_{ij}^\alpha} \qquad (2-32)$$

其中，A_i 是区域 i 的可达性，d_{ij} 是区域 i 和区域 j 之间的距离，α 是阻抗系数，D_j 是区域 j 中的机会。

另外，还有其他的研究成果，威尔逊（Wilson，1972）推导出的双约束空间相互作用模型如下：

$$T_{ij} = a_i b_j O_i D_j F(d_{ij}) \qquad (2-33)$$

$$a_i = \frac{1}{\sum_{j=1}^{n} b_j D_j F(d_{ij})} \qquad (2-34)$$

$$b_j = \frac{1}{\sum_{i=1}^{m} a_i O_i F(d_{ij})} \qquad (2-35)$$

其中，T_{ij} 是区域 i 到区域 j 的流量，O_i、D_j 是区域 i 和区域 j 中的机会大小，$F(d_{ij})$ 是阻抗函数，阻抗函数是一个距离递减函数。a_i、b_j 是平衡系数。

4. 基于随机效应的效用模型

效用模型是由本·阿基瓦和史蒂文·勒曼（Ben-Akiva & Lerman S.，1974）提出的，其形式如下：

$$A_n = E\left[\underset{i \in C}{Max} U_{in}\right] = \ln \sum_{i \in C} \exp(V_{in}) \qquad (2-36)$$

其中，A_n 是基于效用的可达性指标，采用 logsum 的形式表示个体 n 在终点集 C 中选择效用最大的某一终点；V_{in} 是个体 n 选择 i 的效用。

效用模型是假设人们都选择最优的结果，但是现实生活中人们选择出行的目的是多样多化的，所以模型的假设是不完善的。

5. 基于个体的时空约束模型

时空约束模型将人的因素作为首要的考虑因素，金铉敏（Hyun-Mi Kim，2003）提出的时空约束模型，是比较有代表性的模型，其形式如下：

$$A = \sum_i W_i I(i), \; I(i) = \{1 \; if \; i \in FOS, \; 0 \; otherwise\} \qquad (2-37)$$

其中，W_i 是 i 小区的活动机会。

此外，童（Tong L.，2015）根据每个个体的出行目的不同提出的模型也具有较为广泛的应用。此模型能够体现出个体的差异性，但是对于数据的获得较为困难。

2.3.3 常见交通可达性模型

随着可达性成为研究热点，其研究方向不断拓展，交通可达性的研究方法也日渐多样化。交通可达性的计算方法是伴随着经济或者地理位置出现的，一般情况下，交通可达性的计算方法较为简便。下面介绍一些常见的方法。

1. 简单距离法

可以构造距离矩阵，模型如下：

$$L = \left[l_{ij} \right]_{n \times n} \qquad (2-38)$$

当 $i = j$ 时，$L_{ij} = 0$。

当节点 i 与 j 是未相邻节点时，$L_{ij} = L_{ij}^0$，L_{ij}^0 为两节点间的运输距离。其余的 L_{ij} 用最短路径方法获得，如下：

$$l_{ij} = \min l_{ij} \qquad (2-39)$$

其中，L_{ij} 表示从节点 i 到节点 j 的最短距离。由此，可算出节点 i 的总运输距离如下：

$$D_i = \sum l_{ij} (j = 1, 2, \cdots, n) \qquad (2-40)$$

其中，D_i 表示网络中节点 i 到其他所有节点最短路径的总和，其值越小，该节点的交通区位越好。

这种方法简单易懂，在一些研究中经常被用到，这种方法考虑节点与所有经济中心之间的联系，但没有考虑经济中心的质量（人口、GDP 等），忽略了目的地的吸引力。

2. 交通成本的平均值

交通成本的平均值是指从起点到所有终点的费用的平均值。其公式为：

$$A_i = \sum_{j=1}^{n} l_{ij} / n \qquad (2-41)$$

其中，A_i 为可达性，l_{ij} 是 i 到 j 的最短距离，n 是节点个数，A_i 值越小，表示可达性越好。

3. 潜能模型

潜能模型的数学公式为：

$$P_i = \sum_{j=1}^{n} \frac{M_j}{C_{ij}^a} \qquad (2-42)$$

其中，P_i 是指区域 i 的经济潜能，M_j 表示区域 j 的质量，通常是由 GDP 和人口来表示的，C_{ij}^a 指的是 i 到 j 的距离，a 是 i 和 j 之间的距离阻抗系数。

4. 机会可达性和日可达性

机会可达性和日可达性一般是指在一定阈值的范围之内，人们可以到达的最远的距离。对于阈值的选取，要根据交通工具的具体情况而确定，一般都是选取时间作为阈值。

5. 效用法

效用法是基于效用理论的。效用理论基于这样的假设：个人获得效用最大。

对于个人 n 来说，其可达性可以这样来计算：

$$A_n = \left[\sum_{V \in C_n} \exp(V_{n(c)}) \right] \qquad (2-43)$$

其中，$V_{n(c)}$ 是指 n 这个人选择方式 C 所获得的效益，C_n 是指可选择内容的集合。

6. 加权平均出行时间

对于出行时间，由于受各种因素的影响，并且因为影响因素的重要性不同，提出了胶轮平均出行时间公式。其计算公式为：

$$A_i = \frac{\sum_{j=1}^{n} (T_{ij} \times M_j)}{\sum_{j=1}^{n} M_j} \qquad (2-44)$$

其中，A_i 指的是时间，T_{ij} 是指 i 到 j 的最短时间；M_j 是 j 的质量。他可以表示 j 点的吸引力。

该方法考虑了节点与所有经济中心之间的关系及经济中心的质量，便于计算和解释，可操作性强，是实际研究中常用的较有效的方法。

2.3.4　交通可达性模型比较

1. 交通可达性模型影响因素比较

在上一章节中，主要介绍了目前文献中常用的交通可达性的计算方法，但是对于交通可达性而言，不同的模型具有不同的特点，表 2-1 对此进行了比较。

表 2 - 1   影响因素比较

评价方法	交通因素	土地利用		时间因素	个人因素
		需求	供给		
简单距离法	+	-	-	±	+
交通成本平均值	+	+	±	+	+
潜能模型	+	+	±	-	±
机会可达性和日可达性	±	±	-	±	-
效用法	+	+	-	±	+
加权平均出行时间	+	-	-	±	+

注：+ 表示满足条件； - 表示不满足条件； ± 表示介于 + 和 - 之间。

2. 交通可达性模型优缺点比较

由表 2 - 1 了解了各个交通可达性模型的影响因素，表 2 - 2 总结了各个模型的优缺点。

表 2 - 2   交通可达性模型比较

评价方法	概念	优点	缺点
简单距离法	节点之间的最短运输距离	简单易懂，操作性强	只考虑了距离，考虑的影响因素较少
交通成本平均值	某节点与交通网络中所有经济中心之间的未经加权的平均交通成本	考虑节点与所有经济中心之间的联系	没有考虑经济中心的质量（人口、GDP 等）
潜能模型	某节点与交通网络中所有经济中心之间的空间相互作用	以经济中心的吸引力为基础，节点与所有经济中心之间的关系都考虑到	结果难以理解和解释，自身潜能影响可达性值的计算
机会可达性和日可达性	经济中心在一定的交通成本（如时间）内到达的经济活动或人口数量	清楚地表示了节点能直接到达的就业或人口数量	没有考虑节点与所有节点之间的联系，没有距离衰减
效用法	每个目的地有一个效用值，目标是个人获得效用最大	可以表示人们实际的满足程度	难以理解，数据量大
加权平均出行时间	某节点与交通网络中所有经济中心之间的平均出行时间	考虑了经济中心的质量（人口、GDP 和就业等）	没有考虑道路的实际情况

2.4 投影寻踪模型

2.4.1 投影寻踪模型简介

投影寻踪模型（projection pursuit model，PPM）实际上是对$\{x_k, Y_k\}_{k=1}^n$（x_k 是 p 元的，Y_k 是一元的）建立非参数回归模型，如下：

$$Y_k = G(x_k) + \varepsilon_k, \ 1 \leqslant k \leqslant n \tag{2-45}$$

并估计模型中的 p 元函数 G，其中：

$$G(x) = E\{Y_k | x_k = x\} \tag{2-46}$$

首先，函数 G 将 p 元变量投影为一元变量，即：

$$u = \theta' x_k \tag{2-47}$$

其次，把实数 u 送进一元函数 G 建立映像，结果是选择一个投影方向 $\theta = (\theta_1, \cdots, \theta_p)$，从而使得到的估计误差平方和最小。

若解释变量集合$\{x_k, 1 \leqslant k \leqslant n\}$是来自密度函数为 f 的 p 元随机样本，对每一个 p 元样本 x_k 有一元观察 Y_k 与之对应，并且：

$$E\{Y_k | x_k = x\} = G(x) \tag{2-48}$$

这里的 G 是回归函数，也是目标函数。由于 p 太大，维数太高，使得计算很困难，解决的办法是做沿着 θ 方向的一元函数，即：

$$g_\theta(u) = E\{G(x) | \theta \cdot X = u\}, \ \theta \in \Omega \tag{2-49}$$

在区域 $A \in R^p$ 内对 G 的第一次投影逼近的是函数：

$$G_1(x) = g_{\theta_1}(\theta_1 \cdot x) \tag{2-50}$$

$$S(\theta) = E\{[G(x) - g_\theta(\theta \cdot X)]^2 I(X \in A)\} \tag{2-51}$$

式（2-50）中的 θ_1 是极小化式（2-51）的结果。当然这里的 G 是未知的，所以要做出 $S(\theta)$ 和 $g_\theta(u)$ 的估计，才能得到 $G_1(x)$ 的估计。设 $\theta \cdot x$ 的密度为 f_θ，称作沿方向 θ 的 X 的边沿密度，利用样本 x_j 但不包括 x_k 构造 f_θ 的核估计为：

$$\hat{f}_{\theta(k)}(u) = \frac{1}{(n-1)h} \sum_{j \neq k} K\left(\frac{u - \theta \cdot x_j}{h}\right) \tag{2-52}$$

其中，K 是核函数，h 是窗宽。排除 x_k 在外的 $g_\theta(u)$ 的估值为：

$$\hat{g}_{\theta(k)}(u) = \left[\frac{1}{(n-1)h}\sum_{j\neq k}Y_j K\left(\frac{u-\theta\cdot x_j}{h}\right)\right]\Big/\hat{f}_{\theta(k)}(u) \qquad (2-53)$$

$$\hat{S}(\theta) = \frac{1}{n}\sum_{k=1}^{n}\left[Y_k - \hat{g}_{\theta(k)}(\theta\cdot x_k)\right]^2 I,\ (x_k \in A) \qquad (2-54)$$

借助交叉核实的思想，对式（2-54）极小化，其解 $\hat{\theta}_1$ 就作为 θ 的估计。

$$\hat{G}_{1(k)}(x) = \hat{g}_{\hat{\theta}_{1(k)}}(\hat{\theta}_1\cdot x) \qquad (2-55)$$

于是式（2-55）就可以作为回归函数 G 在区域 A 的第一次逼近投影。

2.4.2　投影寻踪模型基本概念

1. 投影方式

投影方式的数学模型为：

$$Z = A\times X, X\in R^p,\ Z\in R^k \qquad (2-56)$$

其中，A 表示投影矩阵或投影方向：R^p、R^k 表示欧氏空间。

2. 投影指标

选用线性投影将高维数据投影到一维线性空间进行研究，这个线性投影就是投影指标。它可以使目标函数取得最优解。

2.4.3　投影寻踪方法的主要内容

1. 投影寻踪聚类分析

斯维泽（Switzer，1974）首先提出了投影寻踪的思想，其次它被应用到了各个行业当中。投影寻踪方法可以为多维数据的处理提供新的思路，这种方法经过学者的研究，已经被证实确实是可行的。

2. 投影寻踪回归分析

杰罗姆·H. 弗里德曼（Jerome H. Friedman，2012）应用投影寻踪建立了一种广义上的多元回归分析方法。该方法在解决预测的问题中效果很好。

3. 投影寻踪学习网络

投影寻踪回归思想被众多研究神经网络的学者引入到网络学习中，并且这些学者提出了基于 PPLN 回归模型的学习网络（projection pursuit learning network，PPLN）。梅克勒（Maechler，1990）对比研究了 ANN（artificial neural network，ANN）和 PPLN，通过实验证明了同一精度下的 PPLN 的训练速度比 ANN 快几十倍；但是 ANN 在训练的精度方面稍优于 PPLN。

2.4.4 投影寻踪模型处理方法

投影寻踪模型多用来解决多维参数的问题。它将多维参数投影为一维的，然后用一维的数据来解决问题。现已被广泛应用于水资源承载力评价、城市生态系统、生态安全及旅游资源开发潜力评价等方面。设第 i 个样本第 j 个指标为 x_{ij}，$i=1,2,\cdots,n$，$j=1,2,\cdots,m$，n 为样本数，m 为指标个数，依据投影寻踪理论建立综合评价模型的步骤如下。

1. 数据无量纲化

由于各评价指标的量纲不尽相同，为了消除量纲的影响，在建模之前对评价指标进行无量纲化处理，正向指标为 $x_{ij}^{*}=x_{ij}/x_{jmax}$，负向指标为 $x_{ij}^{*}=x_{jmin}/x_{ij}$，其中 x_{jmax} 和 x_{jmin} 为第 j 个指标的样本最大值和最小值。

2. 投影指标函数

选用线性投影将高维数据投影到一维线性空间进行研究，设 a 为 m 维单位投影向量 $a=(a_1,a_2,\cdots,a_m)$，则 x_{ij} 的一维投影特征值 z_i 可表示为：

$$z_i = \sum_{j=1}^{m} a_j \times x_{ij}^{*},\ (i=1,2,\cdots,n) \tag{2-57}$$

其中，$z_{ij}=a_j \times x_{ij}^{*}$ 为 i 样本 j 指标的投影分量，$z=(z_1,z_2,\cdots,z_n)$ 为投影特征值向量。

3. 构造目标函数

为了在多维指标中找到数据的结构组合特征，在综合投影时要求投影

值 z_i 尽可能多的提取 x_{ij} 的变异信息，即 z_i 在一维空间散布的类间距 S_z 尽可能大；同时投影值 z_i 的局部密度 D_z 达到最大，即相同投影空间中指标尽量集中。因此可构建投影目标函数为：

$$Q(a) = S_z \times D_z \qquad (2-58)$$

类间距用样本序列投影特征值的标准差计算，即 $S_z = \left[\sum (z_i - E_z)^2 / (n-1) \right]^{0.5}$，其中 E_z 为投影特征值 z_i 的均值。类内密度 $D_z = \sum \sum (R - r_{ij}) u(R - r_{ij})$，$R$ 为密度窗宽，与数据特征有关，它的选取既要使包含在窗口内的投影点的平均个数不太少，避免滑动平均偏差太大，又不能使它随着 n 的增大而增加太高，R 一般可取值为 aS_z，其中 a 可以为 0.1，0.01 或 0.001 等，依据投影点 z_{ij} 在区域间的分布情况进行适当调整；距离 $r_{ij} = |z_i - z_k|$（$k = 1, 2, \cdots, n$）为两两投影特征值间的距离；u 为单位阶跃函数，当 $R - r_{ij} \geq 0$ 时其函数值为 1，当 $R - r_{ij} \leq 0$ 时，函数值为 0。

4. 优化投影方向

多维参数确定的情况之下，投影指标函数的变化只会随着投影方向而改变。最佳的投影方向是使目标函数最大化，即：

$$\begin{cases} \max Q(a) = S_z D_z \\ \| a_j \| = 1 \end{cases} \qquad (2-59)$$

5. 确定投影值

根据最佳投影方向值 a_j 计算各指标的投影值 z_j，投影值是各评价指标的最佳投影方向与标准值的加权，可以根据投影值的大小对样本进行评价与分析。

2.5　本章小结

本章对研究内容涉及的概念和理论进行了概述，介绍了可持续发展理论、区域非均衡增长理论和耦合协调理论等。对指标实证筛选中的主成分和相关分析模型进行了介绍，对权重和协调度模型进行了理论和模型介绍。介绍了耦合理论对指标实证筛选中的主成分和相关分析模型进行了介绍，对权重和协调度模型进行了理论和模型介绍。对交通可达性模型进行了介绍，对模型进行了总结，分析了各个模型的优缺点。对投影寻踪模型进行了介绍，为后文的展开奠定了理论基础。耦合理论以及区域发展和高速交通之间存在的耦合作用机制是研究二者耦合协调程度的基础。将依靠耦合理论分析区域发展和高速交通的耦合协调度在时间和空间上的特征。

第 3 章

基于投影寻踪模型的
县域交通可达性改进模型

交通可达性已经成为反映经济发展的指标，它反映了交通运输网络系统的状况。优质的交通可达性不仅能够降低生产成本，还能提高企业效益，为企业发展提供良好的基础。本章旨在深入探讨县域交通可达性模型，并对其影响及利弊加以研究。为此，本书选择了当前研究者广泛使用的县域交通可达性基础模型，并对其做出了改进，采用投影寻踪模型、导入参数客运量和轨道特性等方法，以进一步提高测度精度。

3.1　交通可达性与区域协调发展

3.1.1　可达性与区域协调发展的内在联系

可达性是度量交通网络结构优劣的有效指标，可达性高低是区域交通运输水平优劣的反映。交通与区域经济关系是可达性与区域经济关系的反映，交通运输设施通过可达性水平的高低影响区域经济发展。生长轴理论是关于交通与区域经济关系的理论，生长轴理论是 20 世纪 60 年代德国经济史学者沃纳·松巴特（Werner Sombat）提出的，它直接把区域经济发展与交通建设结合起来，并强调交通设施建设对经济发展的促进和引导功能。随着连接中心城市的铁路和公路等交通设施的建设，将会形成新的优势区位，使运输费用得到降低，进而降低了产品的生产成本。交通可达性与区域协调发展内在联系如图 3 – 1 所示。

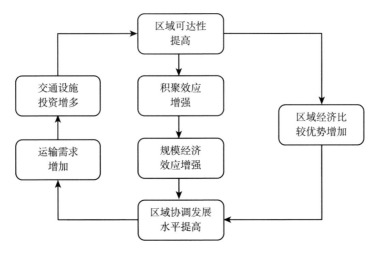

图 3 – 1　交通可达性与区域协调发展内在联系

1. 可达性对区域协调发展的影响

交通的发达程度是经济发展的前提，交通的发展影响着经济的发展。第一，提高可达性有助于改变区位优势格局。交通设施建设使沿线地区的可达性提高，使其经济地理位置发生改变，从而改变一个区域的区位优势，促进区域经济发展。具有较好区位条件的区域往往能借助其区位优势得到快速发展，对落后的地区来讲更是如此。区域可达性的提高往往意味着该区域对外联系的运输条件转好，使运输距离缩短、运输时间减少、运输费用降低，可以更方便地到达更远的区域。对企业来讲，其产品容易到达新市场或原料地，使运营费用降低，生产效率得到了提高，利润相对增加，竞争优势也就得到了相应的增强，比可达性差的区域能更快地促进区域经济的增长。可达性提高加强了中心区域和偏远区域的联系，偏远地区的产品能更方便地进入中心区域的市场，中心区域的商品也能更容易的进入偏远区域的市场。可达性对区域经济的发展和经济活动的扩散起着重要的作用。第二，可达性的提高促进了商品流通，使交通优势转化为经济优势。任何产业的发展都依赖着流通产业的发展，而一个地区流通业发展的优劣，一定程度上取决于交通运输的发达程度，即可达性水平。交通运输是发展商品经济，形成市场流通的前提。交通设施建设会形成多种专业市场和以一些重要车站为中心的商品的交易中心，这又为流通业的发展创造了前提条件。随着交通设施的新建，区域可达性提高，商品流量增加，对外交流增多，促进了原有市场的扩大和新市场的形成。

2. 区域协调发展对可达性的影响

区域交通的发展程度决定着交通可达性的高低。第一，区域经济的发展状况影响区域交通的发展。在较为发达的经济状态下，区域和外界有着更多的交流，这就需要有高可达性作为保障。在落后的经济状况下，区域当然就不会和外界有着过多的交流，也就无法形成发达的交通，其可达性就低。第二，区域经济的不断发展促进着可达性的提高。伴随着经济的不断发展，原材料、劳动力、产品等不断的转移，区域内各经济单元的交流更加频繁，随着区域经济的进一步发展，对交通设施也会提出更高的要求，在一定程度上将刺激交通设施的不断发展，以满足区域日益增长的需求。另外，随着区域经济的发展，会有更多的资金投入到经济建设中，分配给交通设施建设的资金也会增加，加快其建设的步伐，可达性水平也就得到了提高。

3. 可达性与区域协调发展的相互作用

区域可达性水平的提高会促进交通沿线地区产业的发展，产生积聚效益和规模效益，加快区域经济的发展。随着区域经济水平的提高，运输需求就会增加，刺激新的交通设施的建成，区域可达性水平得到了新的提高，与区域经济发展形成良性的互动发展循环。可达性和区域经济之间相互影响，可达性的提高会促进经济的发展，经济的发展又会不断地提高可达性，二者之间密切相关，一环的提高都会影响着另一环的不断加强，它们之间形成了一个正反馈系统。

3.1.2　交通优势度与交通可达性

1. 交通优势度内涵

金凤君（2014）首次构建交通优势度评价的空间数理模型并对全国的

交通优势度进行了甄别，其后有学者分别对河南（孟德友，2014）、山东（王成新，2010）、山西（孙威，2010）、河北（张新，2011）和海南（黄晓燕，2011）等省级层面的交通优势度进行了评价与比较。

交通在经济发展中起着重要的作用。它的便利程度影响着原材料的运输，也影响着劳动力的聚集。交通在产业迁移中是不得不考虑的问题，它对于产业聚集、区域结构的形成有着深层次的影响。经济的发展反过来又对交通有着积极的作用。经济的发展带动交通基础设施的建设，对交通可达性的提升有着关键性的作用。交通优势越大，经济发展的潜力也越大；交通的劣势势必阻碍经济的发展。

2. 交通优势度和交通可达性模型比较

交通优势度模型是由金凤君提出来的，他总结了前人对于交通可达性模型的研究成果，提出了一个由三个参数组成的交通优势度模型。它的参数不仅包括了道路指标，还包括了经济吸引力指标。因此，交通优势度模型考虑的影响因素更加全面，能够很好地反映一个地区的可达性状况。

一般情况下交通可达性模型应用范围较广。原因是其模型较为简单，计算起来比较方便，并且能在一定程度上反映一个地区的可达性。

近年来，由于交通可达性概念更直观，使用时间更长，使用范围更广，也有许多学者将交通优势度模型称为交通可达性模型。而交通优势度模型渐渐地被大家所忽略。为了便于使用和统一，本书使用交通可达性模型这一概念。

3.1.3 交通可达性模型影响因素

1. 区内可达性影响因素

一个区域的区内可达性受诸多因素影响，其中较为显著的因素主要包括路网密度、节点居中性（也包括区域形状）、区域腹地范围，因各种因素共同发生作用，区内可达性是诸因素综合影响的结果。因此，这里对影响的主要因素做一些分析。

（1）等级公路密度。等级公路密度与区内可达性的关系，对同一个区域来讲，应该是线性相关，即等级公路密度越大，区内可达性越好。基于这一理论假设，可以认为，在其他条件一致的情况下，不同区域的公路密度与区内可达性也是线性相关的。

（2）服务中心居中性。理论上，区域服务中心的居中性越好，区域平均可达性越优。最佳的组合是区域形状为一个圆，而区域服务中心居于圆心位置。现实情况是不同区域有不同的形状指数，在这种情况下，区域的重心位置无疑是居中性最好的点。

（3）区域服务范围。理论上，在其他条件不变的情况下，区域服务范围越大，区内平均可达性越差。

2. 区外可达性影响因素

区外可达性是指利用交通干线，实现区内与区外的联系，体现该交通干线对区域的影响程度，具体体现在交通干线在过境的过程中留下了多少节点，从而为区域快速通过节点向周围扩散提供便利。因此，区外可达性主要包括铁路站点、高速出入口、航空港和水运枢纽港。一般有下面两种操作步骤。

第一种方法的操作步骤如下：

（1）求出各个节点的影响范围（该影响范围是指有效影响范围，如火车站则是60分钟内的范围，航空枢纽则是90分钟的范围）；

（2）对不同等级各节点范围进行同类合并；

（3）与节点分级图进行相交，得到不同等级节点的不同分级范围；

（4）与城市行政区划范围相交，得到不同城市行政区划的不同等级节点的不同分级范围；

（5）对数据进行整理，根据权重进行赋值；

（6）得到交通干线优势度。

第二种方法操作起来更为简单，但操作次数增加，其步骤如下：

（1）以不同等级的节点分别求出其影响范围，如铁路分别求三次，每级求一次；

（2）与城市行政区划范围相交，得到不同等级不同时间影响范围的区域面积比例；

（3）根据权重进行赋值；

（4）得到交通干线优势度。

3.2 县域交通可达性基本模型

$$D = \sum_{i=1}^{3} a_i \times f_i \qquad (3-1)$$

其中，D 为县域交通可达性指数；f_1 是指与中心城市区位关系指数，f_2 是指区内可达性指数，f_3 是指区外可达性指数；a_1、a_2、a_3 分别是指 f_1、f_2、f_3 的系数。

3.2.1 与中心城市的区位关系指数

$$f_1 = \varphi_1 \times \varphi_2 \qquad (3-2)$$

$$\varphi_1(X) = \begin{cases} 1 & X \geqslant 60 \\ 1.5 & 30 \leqslant X < 60 \\ 2 & X < 30 \end{cases} \qquad (3-3)$$

$$\varphi_2 = \sqrt{\frac{ep}{e_0 p_0}} \qquad (3-4)$$

其中，φ_1 为交通运输距离；φ_2 为中心城市影响力指数。e 为行政区中心城市 GDP，p 为行政区中心城市的总人口，e_0 为省域中心城市的 GDP 均值，p_0 为省域中心城市的人口均值。X 为县域中心到行政区中心城市的最短交通距离。交通运输距离的划分是指用时为 0.5 小时和 1 小时的平均速度所行驶的距离。

3.3.2 区内可达性评价指数

在县域内，由于人们的出行主要依靠道路交通方式，因此县域的交通便利性可以通过路网的密度来体现。区域可达性评价指标临界值的划分依据《省级功能区划分技术规程（初稿）》，具体公式为：

$$f_2(x) = \begin{cases} 0.5 & x \leq 23.4 \\ 1 & 23.4 < x \leq 31.25 \\ 1.5 & 31.25 < x \leq 39 \\ 2 & 39 < x \leq 46.9 \\ 2.5 & 46.9 < x \leq 62.5 \\ 3 & 62.5 < x \end{cases} \qquad (3-5)$$

其中，x 是指公路网密度。其中县域公路网包括高速公路、国道、省道。

3.2.3　区外可达性评价指数

区外可达性评价指数一般是采用赋值的方法进行的。赋值的内容有高速公路、国道、省道、飞机场和航道等。

县域对外可达性指数 f_3 的测度公式为：

$$f_3 = \sum c_{im} \quad i \in (1,2,\cdots,n), m \in (1,2,\cdots,M) \qquad (3-6)$$

其中，c_{im} 是 i 县 m 类交通方式所对应的赋值。权重赋值如表 3-1 所示。

表 3-1　　　　　　　　　　　　　权重赋值

节点或线路	等级	现实格局	赋值
火车站	复线铁路	拥有复线铁路	2.0
		30 公里以内	1.5
		60 公里以内	1.0
		其他	0
	单线铁路	拥有单线铁路	1.0
		30 公里以内	0.5
		其他	0
机场	干线机场	拥有干线机场	2.0
		30 公里以内	1.5
		其他	0
	支线机场	拥有支线机场	0.5
		其他	0

续表

节点或线路	等级	现实格局	赋值
公路	高速	拥有高速公路	1.5
		30 公里以内	1.0
		60 公里以内	0.5
		其他	0
	国道	用有国道	0.5
		其他	0

3.3　基于投影寻踪模型的县域交通可达性改进模型分析

建立县域交通可达性模型是为了提出一种更为科学、操作更为简便的计算方法。它能够适用于大多数的区域，并且为城镇化和经济转移提供依据。所以，模型不能只从道路属性来分析。模型优化是基于式（3-1）提出的。首先，分析了现阶段交通可达性的研究成果，总结了现有的各种模型。其次，对比式（3-1）选择出合理的模型进行总结归纳，针对其中的不足，提出合理的解决方法。

3.3.1　权重优化

式（3-1）中 a_i 为权重，一般的解决方法是人工赋值。一直以来，交通可达性计算的最大通病就是人为赋权重的地方太多。这样一来，参数之间的重要程度不客观，计算的准确性下降，在定性和定量的问题上难以表述清楚。

通过分析文献，发现孟德友（2012）将投影寻踪模型应用到了交通可达性与经济发展之间的关系上。经过研究，本书将投影寻踪模型应用到县域交通可达性的计算上。

投影寻踪模型主要解决了权重 a_i 的取值问题。它将三个数据的重要程度按其内在的重要程度投影进行分析，是结果更加准确、客观。

3.3.2　与中心城市的区位关系指数优化

刘传明（2011）将式（3－2）应用于县域交通可达性的综合测度中。此方法较为科学的、简便的计算出了中心城市影响力指数（φ_2）。但是对于交通运输距离（φ_1）则使用了人工赋值的方法，缺少科学性。

根据聂伟（2008）提出的利用客运量和货运量计算区域交通可达性方法，对于来往的两个地区来说，客运量和货运量的多少能够直接的反映他们之间联系的紧密性。因此，将客运量和货运量引入到参数与中心城市的区位关系（f_1）中。

聂伟（2008）提出的节点城市可达性模型为：

$$A_i = k_{ib} \times A_{ib} \times k_{ic} \times A_{ic} \qquad (3-7)$$

其中，

$$A_{ib} = \frac{\sum_{\substack{j \neq i \\ i=1}}^{n} (t_{ijb} + t_i + t_j) \times P_j}{\sum_{\substack{j \neq i \\ i=1}}^{n} P_j} \qquad (3-8)$$

$$A_{ic} = \frac{\sum_{\substack{j \neq i \\ i=1}}^{n} (t_{ijc} + t_i + t_j) \times G_j}{\sum_{\substack{j \neq i \\ i=1}}^{n} G_j} \qquad (3-9)$$

其中，A_i 为节点城市的可达性；k_{ib}、k_{ic} 为城市 i 的客货运权重系数；A_{ib}、A_{ic} 为城市 i 的客运和货运的可达性。t_{ijb}、t_{ijc} 为城市 i、j 间客货运最小时间距离；t_i、t_j 为城市 i、j 的内部阻抗；P_j、G_j 为城市 j 人口和国民生产总值。

式（3－8）类似于最短时间公式。是从客运最短时间和货运最短时间分别来考虑，这样分类更加细化、更加能够反映实际情况。但是县域交通可达性模型是将县域作为一个区域，而不是一个点，所以式（3－8）的构成参数不够全面。

对于式（3－7）应该明确，如果两个地区交通基础设施较好，但是客运量和货运量较少，那么这个公式求出的节点城市可达性没有什么意义。

并且这种情况在我国并不少见，原因是我国非常重视交通基础设施建设，而忽略了交通与经济之间的相互关系。受此模型的启发以及为解决这种无意义的计算，本书分析引入客运量和货运量。

县域交通可达性模型主要针对的是我国大部分的县级区域。我国目前的实际情况是县城拥有发往中心城市的客车，可以通过客运站来统计客运量。对于货运量，一方面县级区域没有专门的"货运站"通往中心城市；另一方面到达中心城市的过境货运车辆较多，这些情况都导致了货运量难以统计的现象发生。

在实际操作中，引入客运量这一参数，因为客运量越大，两个区域联系越紧密。由于上面分析的原因，难以获取县域和中心城市之间的货运量，所以，在此处忽略掉货运量。

对于式（3-2）中交通运输距离（φ_1），刘传明（2011）使用了倒数赋值的方法，这仍然是人工赋值的方法。这种赋值的做法仅仅是为了方便计算，但是这样就无形中减弱了模型的科学性。在这里为了使其更加具有科学性，取消人工赋值，将交通运输距离（φ_1）作为反向参数代入。

3.3.3　区内可达性评价指数优化

在式（3-5）中，没有对公路进行分级。因为每种道路的通过能力不相同，道路等级也不相同，显然这是不合理的。针对其中的不足，蔡安宁（2013）提出了一种解决办法，如下：

$$f_2 = \frac{L_i}{A_i} \tag{3-10}$$

$$L_i = \sum_{\substack{i=1 \\ m=1}}^{n=1} W_m L_{im} \tag{3-11}$$

其中，L_i 为 i 县的公路长度；L_{im} 为 i 地区 m 类型公路的线路长度；W_m 为不同类型公路的权重；A_i 为 i 县面积。

式（3-10）很好地解决了不同道路的影响度的问题，但是仍然用到了人工赋值的方法。

朱兵（2010）将公路本身的属性引入到交通可达性的测算中，他构建的交通可达性模型如下：

$$A_{ij} = \frac{bW_{ij} \times cG_{ij}}{dD_{ij}^2} \qquad (3-12)$$

$$W_{ij} = \frac{\sum\limits_k W_k D_k}{\sum\limits_k D_k} \qquad (3-13)$$

$$G_{ij} = \frac{\sum\limits_l G_l D_l}{\sum\limits_l D_l} \qquad (3-14)$$

$$D_{ij} = \sum_m \xi_m D_m \qquad (3-15)$$

其中，W_{ij} 是 i、j 城镇间路面宽度指数，它的取值是通过道路实际宽度的加权平均值；W_k 是指第 k 路段的路面宽度值；D_k 为路段的长度，$k=1$，$2,\cdots,n$。G_{ij} 是 i、j 城镇之间的路面等级指数，它的取值是通过路面实际等级对应行车速度的加权平均值；G_l 是第 l 类路面的等级指数；G_l 是第 l 类路面的道路长度，$l=1,2,3,4,5$，分别代表高级路面、次高级路面、中级路面、低级路面、无路面 5 类路面；D_{ij} 是指 i、j 城镇之间的距离指数，它受不同路段的道路变形指数影响；D_m 为相应路段的实际距离，$m=1,2,3$；ξ_m 为第 m 路段的道路变形指数，取 $\xi_1=1.4$ 为山岭重丘路段的道路变形指数，$\xi_2=1.1$ 为平原微丘路段的道路变形指数，$\xi_3=1$ 为平原路段的道路变形指数。

式（3-12）是单纯的从公路方面求解城镇之间的可达性。其更适合于市级以内只能通过公路到达的城镇，不适合于出现铁路或者其他交通方式的情况。但是式（3-12）为区内可达性评价指数（f_2）提供了借鉴。

对于县域交通可达性模型的参数，区内可达性评价指数（f_2）中不同类型的道路可以引入公路路面宽度这一参数作为权重。使用每个路段各等级公路路面宽度的最小值作为权重，这样就避免了人工赋值，并且选用公路自身的属性，使模型更加具有科学性。在实际应用中，根据《中华人民共和国公路工程技术标准》来确定等级公路路面宽度的最小值。

3.3.4　区外可达性评价指数优化

县域的交通网络主要包括公路、铁路、航空和航道。道路又分为高速公路、国道、省道。又因为高速公路是封闭的道路，所以对于高速公路只考虑出入口的位置情况。同样的道理，对于铁路只考虑火车站的情况；对于航空，只考虑飞机场的情况；对于航道，只考虑码头的情况。

根据国家铁路的分类，铁路主要分为六个等级，即特等站、一等站、二等站、三等站、四等站、五等站。但是五等站只提供会车服务，所以只考虑前五个等级的车站。

3.3.5 模型算法

1. 改进县域交通可达性模型

根据上述分析，提出县域交通可达性模型，形式如下：

$$D = \sum_{i=1}^{3} a_i \times f_i \qquad (3-16)$$

其中，D 是指县域交通可达性指数，f_1、f_2、f_3 分别是指与中心城市区位关系指数、区内可达性指数和区外可达性指数，a_1、a_2、a_3 分别为 f_1、f_2、f_3 的系数，权重计算用投影寻踪模型确定。

（1）与中心城市的区位关系指数。

$$f_1 = \frac{\varphi_2 \times \varphi_3}{\varphi_1} \qquad (3-17)$$

$$\varphi_2 = \sqrt{\frac{ep}{e_0 p_0}} \qquad (3-18)$$

其中，φ_1 指实际道路的距离，φ_2 指中心城市影响力指数，φ_3 指县级客运站一年的客运量；e 指行政区划上中心城市的 GDP 总量，p 指行政区划上中心城市的总人口数，e_0 指省域所有中心城市的 GDP 均值，p_0 指省域所有中心城市的人口均值。

（2）区内可达性评价指数。

$$f_2 = \frac{L_i}{A_i} \qquad (3-19)$$

$$L_i = \sum_{i=1, m=1}^{n=1} G_m L_{im} \qquad (3-20)$$

其中，L_i 为 i 县的公路长度；L_{im} 为 i 地区 m 类型公路的线路长度；G_m 为 i

地区不同类型公路的最小宽度值；A_i 为 i 县面积。

（3）区外可达性评价指数。

与表 3 – 1 相比较，赋值间隔选取 0.5 分。赋值临界点选取 30 公里和 60 公里，区外可达性评价指数 f_3 赋值情况如表 3 – 2 所示。

表 3 – 2   交通方式的等级划分及赋值

节点或线路	等级	现实格局	赋值
火车站	特等站	拥有特等车站	3
		距离特等车站 30 公里以内	2.5
		距离特等车站 60 公里以内	2
		其他	0
	一等站	拥有一等车站	2.5
		距离一等车站 30 公里以内	2
		距离一等车站 60 公里以内	1.5
		其他	0
	二等站	拥有二等车站	2
		距离二等车站 30 公里以内	1.5
		距离二等车站 60 公里以内	1
		其他	0
	三等站	拥有三等车站	1.5
		距离三等车站 30 公里以内	1
		距离三等车站 60 公里以内	0.5
		其他	0
	四等站	拥有四等车站	1
		距离四等车站 30 公里以内	0.5
		其他	0
机场	干线机场	拥有干线机场	2
		距离干线机场 30 公里以内	1
		距离干线机场 60 公里以内	0.5
		其他	0
	支线机场	拥有支线机场	1
		距离支线机场 30 公里以内	0.5
		其他	0

续表

节点或线路	等级	现实格局	赋值
高速	高速	拥有高速公路出入口	2.5
		距离高速公路出入口 30 公里以内	2
		距离高速公路出入口 60 公里以内	1.5
		其他	0
公路	国道	全程为一级	2.5
		最差路段为二级	2.0
		最差路段为三级	1.5
		最差路段为四级	1.0
		其他	0
	省道	全程为一级	2
		最差路段为二级	1.5
		最差路段为三级	1
		最差路段为四级	0.5
		其他	0

2. 算法基本步骤

首先，对参数与中心城市的区位关系指数进行计算。查阅统计局数据，并按照公式进行计算，得到参数与中心城市的区位关系指数。其次，对参数区内可达性评价指数进行计算。查阅道路信息，统计道路长度、等级、宽度等数值，按照公式进行计算。再次，对参数区外可达性评价指数进行计算，使用赋值表按照实际距离进行赋值计算。最后，运用投影寻踪模型来确定权重与最终的县域交通可达性指数。

3.4 交通可达性模型在石家庄市的应用

3.4.1 数据来源

1. 研究区域概况①

石家庄市，简称"石"，旧称石门，河北省辖地级市、省会、Ⅰ型大

---

① 石家庄城市概况 [EB/OL]. 中国政府网，2023 – 02 – 12.

城市，是国务院批复确定的中国京津冀地区重要的中心城市之一。截至2021年，全市下辖8个区、11个县，代管3个县级市，总面积14530平方千米。2022年末常住人口1122.35万人，城镇人口801.79万人，城镇化率71.44%。

2022年，石家庄市地区生产总值7100.6亿元，与上年同比增长6.4%。第一产业比重为7.9%；第二产业比重为32.9%；第三产业比重为59.3%。全年人均生产总值63319元，与上年同比增长6.5%。

2. 数据分析来源

通过查阅河北省统计局公布的数字，可以查阅到河北省各城市的GDP和常住人口。通过查阅石家庄市行政区划网，可以得到县域面积。通过到石家庄市汽车客运总站咨询，查阅到每年的客运总人数。

但是对于交通运输距离，公路等级及长度，火车站，高速公路出入口等的情况没有文献可以查询。

经过研究，通过查阅道路信息确定交通运输距离；查询公路代号，并通过中国公路网和中国高速公路网进行分级，确定路面的最小宽度，利用积分方法计算公路长度；确定火车站的名称及位置，根据名称划分等级，并确定到县城的距离；确定高速公路出入口位置，并查询到县城的距离。

3.4.2 与中心城市的区位关系指数

1. 交通运输距离（φ_1）

交通运输距离选取各个县级的汽车站到石家庄市汽车总站的距离，如表3-3所示。

表3-3   交通运输距离

区域	距离（公里）
平山县	40.6
井陉县	40.5
元氏县	33.4

续表

区域	距离（公里）
赞皇县	51.9
高邑县	51.6
赵县	42.7
晋州市	51.4
辛集市	68.7
深泽县	78.4
无极县	66.3
新乐市	47.9
行唐县	53.6
灵寿县	42.8

2. 中心城市影响力指数（φ_2）

根据国家统计局发布的数据，河北省各城市的国内生产总值（GDP）及常驻人口，如表 3 - 4 所示。

表 3 - 4　　　　2022 年河北省各城市的国内生产总值（GDP）及常住人口

序号	地区	2022 年（亿元）	2021 年（亿元）	2022 年人口（万人）
1	唐山市	8900.7	8230.9	770.6
2	石家庄市	7100.6	6490.3	1122.35
3	沧州市	4388.2	4163.4	731.48
4	邯郸市	4346.3	4114.8	931.54
5	保定市	4262.9	4088.7	1142.56
6	廊坊市	3565.3	3553.1	549.53
7	邢台市	2546.9	2427.1	702.56
8	秦皇岛市	1909.5	1843.8	309.81
9	衡水市	1800.5	1703.1	416.65
10	承德市	1780.2	1697.0	331.8
11	张家口市	1775.3	1727.8	407.46
12	河北省	42370.4	40391.27	7420

3. 客运量（φ_3）

本章统计的客运量是石家庄市各个县级汽车站的年客运量，如表 3 - 5 所示。

表 3 - 5　　　　　　　　　　　　日均客运量

区域	客运量（万人）
平山县	2350
井陉县	1640
元氏县	1410
赞皇县	808
高邑县	650
赵县	1880
晋州市	1890
辛集市	3200
深泽县	710
无极县	1400
新乐市	1640
行唐县	1080
灵寿县	820

3.4.3　区内可达性评价指数

1. 县域面积（见表3-6）

表 3 - 6　　　　　　　　　　　　县域面积

区域	面积（平方公里）
平山县	2648
井陉县	1381
元氏县	676.2
赞皇县	1210
高邑县	222
赵县	674
晋州市	619
辛集市	951
深泽县	990
无极县	524
新乐市	524
行唐县	1025
灵寿县	1066

2. 各县域道路情况

根据交通道路地图册的情况，查询结果如表3－7所示。

表3－7 道路详细资料

区域	道路	等级	长度（公里）	路面宽度（米）
平山县	G207	一、二、三	66	7
	S071	高速	37	31.5
	S301	一	43.7	24.5
	S241	二、三	22	8.5
	S202	三	32	7
	S205	二、三	4.4	7
井陉县	G307	二、三	44.6	12
	S202	三	72.5	7
	S205	二、三	20	7
	S392	二	20.5	11.4
	S037	三	18.8	7
	G20	高速	33.6	26
元氏县	G107	一、二	23.6	19.6
	S9902	高速	14	20
	S033	一	13.6	23.4
	S232	二	5.7	11.4
	G20	高速	2.4	26
赞皇县	S202	三	45.4	7
	S393	一、二	33.3	11.4
	S033	一	9	23.4
高邑县	G107	一、二	14.7	19.6
	S393	一、二	18.4	11.4
	S9902	高速	2.6	20
赵县	G4	高速	13	21.5
	G308	一、二	19.5	26
	S234	一、二	15.6	11.4
	S033	一	17	23.4
	G4	高速	16	21.5
	G20	高速	18.7	26

续表

区域	道路	等级	长度（公里）	路面宽度（米）
晋州市	G307	二、三	20	12
	S392	二、四	15.6	11.4
	S039	一、二	17.3	11.4
	G1811	高速	18.7	22.5
辛集市	G307	二、三	22	12
	S392	二、四	20.3	11.4
	S233	二	48	12
	G1811	高速	22	22.5
深泽县	S233	二	21.5	12
	S302	二	21.7	11.5
	S039	一、二	2.8	11.4
无极县	S302	二	28	11.5
	S234	一、二	23	11.4
	S203	一	14.4	16.4
新乐市	G107	一、二	25.8	19.6
	S203	一	29.4	16.4
	S9902	高速	10.6	20
	G4	高速	18.4	21.5
行唐县	S232	二	30.2	11.4
	S203	一	54.5	16.4
	S241	二、三	25.8	8.5
	G5	高速	26.2	31.5
灵寿县	G207	一、二、三	26.5	7
	S232	二	17.5	11.4
	S201	一	57.2	23
	S241	二、三	20.8	8.5
	G5	高速	9.3	31.5

3.4.4 区外可达性评价指数

1. 石家庄市高速出入口情况（见表3-8）

表 3–8　　　　　　　　　　　　石家庄市高速出入口位置

高速	平山	井陉	元氏	赞皇	高邑	赵县	晋州	辛集	深泽	无极	新乐	行唐	灵寿
G5（石家庄北绕城高速）	40.8	54.1	50.9			33.6	26.2	43.6	54.6	55	27	40.7	29.6
G1811（S204）			50.9			33.6	26.2	43.6	54.6	37.2	39.8		54.7
S9902（裕华高速口）	47.4	49.4	40.3	55.8	55.6	41	40.8	58.1		49.1	40	51.3	41.9
G5（北斗东路）	29.2	28.1	44	55.7		56.4					49.9	48.1	30.8
S9902（南环路）							58.3		54.1	35.7	内	22.3	34.7
G5（S301）	23.4	36	54								43.8	40.6	21.1
S9902（G107）	44.9						56.8		59.2	40.8	17.1	36.2	27
G4（S393）			24.4	26.8	内	25.3							
G5（G307）	30.1	24.3	43.4	55.1		55.8					50.6	50.3	31.9
G5（S203）	56.5										26.2	内	24.9
G5（S392）	41.8	内		56.6									54
G5（S201）	33.6	48.9								53.6	32.4	27.8	10.2
G5（S232）	45.2										30.8	内	35.6
G5（S202）	39.9	内	59.7										
S9902（G308）	59.3	53.8	31.1	48	49.3	28.7	50.7				48.8		
S9902（S302）	45.3	55.7	52.6			52.5	49.1		54.8	36.3	25.5	26.8	27.5
S9902（S033）			内	22.5	22.6	15							
G20（G107）	57.3	49.9	16.7	35.1	34.9	30.4							59.1
G20（G308）			23.6	41.2	41.3	12.7	53.4						
G1811（S301）	30.8	35.4	47.2	58.9		57.1	55.2				43.9	48	28.5
G1811（G107）	37.9	42.8	39.8		58	47.9	48.1			48	31.3	40.8	31.5
G1811（S039）							内	17.2	20.9	33.1			
S071（平涉公路）	内	33.6											41.9
S071（S202）	内	41.7											47.8
S071（岗南）	内	55.1											48.7
S071（终点）	内												57.4
S071（S232）	17.9	34.1	55.3								48.9	42.7	19.7
G1811（S233）							19	内	20	37.8			

续表

高速	平山	井陉	元氏	赞皇	高邑	赵县	晋州	辛集	深泽	无极	新乐	行唐	灵寿
G1811（S234）						55.6	8.7	26.1	34.2	18.5	52.9		
G5（S037）	46.4	内											
S071（北二环）	33.4	37.1	44.3	55.9		59.7	53.4			57.2	45.1	50.8	31.1
G20（S392）	41.6	内		56.8									53.7
G20（S202）	40.2	内	58.4										
G20（S037）	46.4	内											
G20（S033）				25.9	41.8	36.3	内	50.2	54.8				
G4（S033）				22.5	38.4	26.5	内	58.8					
G4（S203）									59.2	40.8	内	39.5	51
G5（SL88）	35.4	55.4									31.6	24.2	内
S071（SL97）	8.8	26.4								57	50.2	27.8
G1811（S101）	32.2	28								56.2	52.2	38.5
G4（S392）				34.3	50.2	46.5	21.3	36.6	51.6				
G1811（S101）						39.5	32.6	49.9		42.9	43.1	
G4（信工路）					57.1	33.3	24.3	41.7	54.6	37.3	43.8	
G4（S302）						50.2	36	53.8	37.9	19.5	27.6	47.8	44.3
G4（S303）							51.5		52.9	34.5	12.6	32.8	43.7
S9902（SL96）	56.3									43.8	10.6	30.1	38.4
G1811（西兆通）	47.3	51.2	45.1			42.5	40.2	58.3		41.7	36.1	52	42.7

2. 石家庄市火车站情况（见表3-9）

表3-9 石家庄市火车站位置情况

站点及等级	平山	井陉	元氏	赞皇	高邑	赵县	晋州	辛集	深泽	无极	新乐	行唐	灵寿
石家庄（特）	43.1	40.4	28.7	47.2	46.9	39.9	52.4				50	55.6	44.9
石家庄北（二）	36.2	35.9	36.7	52	54.9	47.6	51.3			56.9	46.2	51.8	33.9
辛集（二）						52.8	26.3	内	34.6	52.7			
正定（二）	42.3	50.2	47.4			53.7	54.1		58	39.5	23.9	33.8	24.4
正定机场（二）	57						56.1		57	40.1	14.8	33.9	39.2
藁城（三）			58.5			41.2	19	36.4	45.3	32.1	47.4		

续表

站点及等级	平山	井陉	元氏	赞皇	高邑	赵县	晋州	辛集	深泽	无极	新乐	行唐	灵寿
藁城南（二）			56.5			35.9	20.7	38	47	33.7	52.3		
元氏（三）			内	17.9	19.8	21.9							
高邑（三）			19.1	23.6	内	30.8							
高邑西（二）			24.9	18	内	37.6							
晋州（三）						55.6	内	17.4	26.4	27.5			
新乐（三）									58.3	39.9	内	19.1	30.9
井陉（三）	32.9	内											53.3
西柏坡（四）	内	38											45.2
南新城（二）	30.5	26.3	44	55.7		56.5	59.7				53.5	54.7	32.3
井南（四）	46.3	内											
良村（三）	56.6	59	46			39.3	31.2	48.6		42.1	45.9		50.9
鹿泉（三）	29.3	22.3	46.2	57.9		58.6					57.5	53.6	31.1
三汲（四）	内	43.2									53.1	43.1	26.3
上安（四）	31.7	内	58.5										44.4
南峪（四）	57	内											
南张村（三）	41.3	内											
新井（四）	34.9	内											
翟家庄（四）	37.4	内											57.5
新安村（四）	46									45.5	14.7	33.8	28.1
承安铺（四）									55.8	43.6	内	30.1	42
束新（四）							38.7	内	41.8	59.9			
凤山（四）	40.2	内											
贾村（四）						49.4	8.2	25.5	34.5	21.2	55.7		

3. 距飞机场距离（见表 3 - 10）

表 3 - 10　　　　　　　　　距飞机场距离

区域	距离（公里）
平山县	58.9
井陉县	77.8
元氏县	74.3

续表

区域	距离（公里）
赞皇县	92.8
高邑县	92.5
赵县	65.2
晋州市	57.8
辛集市	75.2
深泽县	58.7
无极县	41.9
新乐市	16.6
行唐县	35.8
灵寿县	41

3.4.5　石家庄县域交通可达性分析

1. 数值计算结果

（1）与中心城市的区位关系指数，如表 3－11 所示。

表 3－11　　　　　　　与中心城市的区位关系指数

区域	与中心城市的区位关系指数（f_1）	排名
平山县	178.8967	1
井陉县	125.1553	5
元氏县	130.4768	4
赞皇县	48.11766	11
高邑县	38.93356	12
赵县	136.0788	3
晋州市	113.6473	6
辛集市	143.9639	2
深泽县	27.98999	13
无极县	65.2642	8
新乐市	105.8203	7
行唐县	62.27582	9
灵寿县	59.21484	10

（2）区内可达性评价指数，如表 3 - 12 所示。

表 3 - 12　　　　　　　　　区内可达性评价指标

区域	区内可达性评价指标（f_2）	排名
平山县	1.185782	11
井陉县	1.753512	7
元氏县	1.757143	6
赞皇县	0.75043	12
高邑县	3.735946	1
赵县	2.838042	3
晋州市	1.67336	8
辛集市	1.647129	9
深泽县	0.544919	13
无极县	1.565573	10
新乐市	3.044733	2
行唐县	2.227005	4
灵寿县	2.035976	5

（3）区外可达性评价指数，如表 3 - 13 所示。

表 3 - 13　　　　　　　　　区外可达性评价指数

区域	指标				结果	排名
	火车站	高速	道路	机场		
平山县	10.5	52.5	6.5	0.5	70	1
井陉县	16	45	6	0	67	3
元氏县	12	36.5	5.5	0	54	6
赞皇县	8	23.5	4.5	0	36	9
高邑县	7.5	18.5	3.5	0	29.5	11
赵县	11.5	37.5	5.5	0	54.5	5
晋州市	12.5	37.5	3.5	0.5	54	6
辛集市	6.5	20	3.5	0	30	10
深泽县	6	19	4.5	0.5	30	10
无极县	8	29.5	5	0.5	43	8
新乐市	12.5	47.5	4	1	65	4
行唐县	7.5	38.5	4.5	0.5	51	7
灵寿县	9.5	52	6	0.5	68	2

2. 结果分析

三个指标标准化结果如表 3 – 14 所示。

表 3 – 14　　　　　　　　　　指数标准化结果

区域	指标		
	与中心城市的区位关系指数（f_1）	区内可达性评价指数（f_2）	区外可达性评价指数（f_3）
平山县	1. 0000	0. 3174	1. 0000
井陉县	0. 6996	0. 4694	0. 9571
元氏县	0. 7293	0. 4703	0. 7714
赞皇县	0. 2690	0. 2009	0. 5143
高邑县	0. 2176	1. 0000	0. 4214
赵县	0. 7607	0. 7597	0. 7786
晋州市	0. 6353	0. 4479	0. 7714
辛集市	0. 8047	0. 4409	0. 4286
深泽县	0. 1565	0. 1459	0. 4286
无极县	0. 3648	0. 4191	0. 6143
新乐市	0. 5915	0. 8150	0. 9286
行唐县	0. 3481	0. 5961	0. 7286
灵寿县	0. 3310	0. 5450	0. 9714

从表 3 – 14 可以得出，平山县是高可达性；井陉县、元氏县、赵县、晋州市、辛集市和新乐市是较高可达性；赞皇县、高邑县、无极县、深泽县、灵寿县和行唐县是低可达性。

3.5　本章小结

本章深入探讨了影响县域交通可达性的各种因素，并对基本模型中存在的人为赋值、参数设置等问题进行了分析，提出了使用投影寻踪模型的方法、引入客运量的方法、对道路分级计算长度并引入路宽等自身属性的方法对交通可达性基本模型进行了优化。最后应用该模型对石家庄所辖13个县的交通可达性进行计算。结果表明，本章提出的改进模型算法对县域交通可达性测度计算简便易行、符合县域交通实际情况，具有很好的适应性和准确性。

第 4 章

区域协调发展中的
县域综合交通问题

　　新型城镇化是实现现代化的重要基础，它不仅可以缓解乡村和农民之间的矛盾，而且可以推进区域协调发展，激发内需，推进产业发展提升，为实现中国梦提供了强有力的支撑。本章首先提出了我国新型城镇化的关键问题；其次针对县域综合运输体系发展中存在的一些问题，分析了县域综合运输体系对县域产业聚集发展的影响作用，提出了县域综合运输体系规划中应注意的一些关键性问题；最后利用县域交通可达性优化模型对县域交通可达性进行了研究，分析了铁路车站站点设置对县域可达性和县域经济发展的影响。

4.1 新型城镇化发展与县域产业聚集的相关性

　　城镇化是区域经济社会发展的核心动力之一。自 20 世纪 90 年代以来，我国迎来了城镇化的高速发展期，越来越多的农村剩余劳动力进入城镇工作、生活。城镇化基础设施的大量投入，不仅提高了我国城镇化水平，而且促进了农村相关产业的发展，直接带动了我国经济的高速增长。城镇化发展的关键是要有一个合理的规划和科学的布局。以政府为主导的城镇化推进模式，可以有效地调集各方面资源，集中大量的资本、人力和物力，短时间内就能实现城镇化的发展目标（李强，2012）。城镇化发展的程度决定了区域经济社会的可持续发展能力。在城镇化发展初期，政府主导的城镇化推进模式具有很好的初始效应，但随着城镇化进程的不断深入，城镇化持续发展后劲不足问题会逐渐显现。因此，如何在我国县域资源有限的条件下合理规划城镇化发展途径、积极引导县域经济结构及产业结构的调整、加快新型城镇化步伐是值得深入研究的问题。完善城镇化健康发展体系是我国城镇化进程中亟待解决的问题。交通运输系统在推进城市要素跨区域流动、支撑城镇经济协调发展、引导城镇产业合理布局等方面发挥着重要作用，对于推动县域经济发展和提升城市竞争力有着重大意义。综合交通运输体系的有效发展和空间的合理布局，对支撑和促进区域协调发展具有重要作用。

4.1.1　新型城镇化的内涵

新型城镇化是以城乡统筹、城乡一体、产城互动、节约集约、生态宜居、和谐发展为基本特征的城镇化（李冬晓，2012），是大中小城市、小城镇、新型农村社区协调发展、互促共进的城镇化。新型城镇化建设的核心是着眼于农民，以实现城乡基础设施一体化和公共服务均等化，促进经济社会发展，实现共同富裕（王婧翱，2013）。

1. 新型城镇化是"人的城镇化"

新型城镇化不同于过去的城镇化，它的"新"体现在新型城镇化是"人的城镇化"。过去的城镇化片面地注重追求城市规模扩张和空间扩张，而新型城镇化突出的是城乡基础设施的一体化。新型城镇化的标志是要在本质上实现农民身份转变过程中伴随的文明化和现代化，而不是盖了多少住宅楼、有多少农业户口转变成了城市居民户口。否则，即使在城里打工一辈子，也达不到"人的城镇化"的要求。

按照国内外关于城镇化的科学理念，城镇化是以产业聚集带动人口聚集的城镇化，而不是以房地产拉动城镇化。如果本末倒置，先造城后填人，这样的城镇化是一条歧路。传统的城镇化，是从"城里人"的角度看城镇化，其基本路径就是开发区、房地产，忽略"乡下人"，忽略了土地要素、提高效率和城乡一体化发展。如果新型城镇化像过去一样演变成房地产化，不仅不能驱动城镇经济增长，还会产生巨量的房地产泡沫，出现所谓的"鬼城"。因此，深入推进统筹城镇综合配套改革，促进城乡基本公共服务均等化，合理引导人口向城镇聚集，才是广大农民想要的新型城镇化。

2. 新型城镇化是中国农业经济转型和产业升级带动的城镇化

新型城镇化的驱动力量主要来源于农业经济转型、产业升级及现代服务业所涉及的各类主体。在过去，一提到城镇化，有一种观点是把城镇化与城市化联系在一起，认为城镇化就是城市化的一种延续。这种观点认为，城镇化的驱动力量是工业企业及房地产企业，要靠工业产业升级及房地产业的发展来拉动城镇化，这是一种将城镇化与城市化同质化的错误观点。

从我国国情和已有国内外城镇化经验看来，我国新型城镇化的定位应该是我国农业经济转型、产业全面升级和现代服务业所带动的城镇化。城镇化要遵循城镇化的科学发展思路，不能忽略作为新型城镇化的主体的农业人口，离开了农业人口的城镇化不是真正的城镇化。因此，新型城镇化一定是围绕农业经济产业升级城镇化，新型城镇化的驱动力量是农业经济产业升级所涉及的各类主体，包括地方政府、现代农业企业及上下游产业企业、服务业企业等。

3. 新型城镇化是现代农业振兴带动农业人口市民化的城镇化

新型城镇化是人的城镇化，是以为进城的农业人口为主体的新型城镇居民的全面发展提供保障和基础的城镇化。大量的农村人口进入城镇，一个突出问题就是就业，就业就需要产业的支持。没有产业支撑的新型城镇缺失活力和竞争力，不可能长期发展。新型城镇化建设是中国经济社会发展的必然趋势，也是中国现代化建设在未来20年必须完成的历史任务。要完成提高农民的素质和生活水平、缩小城乡差距的历史任务，必须要发展新型城镇化，其实现途径就是要以现代农业振兴带动农业人口市民化，推进教育公平化、均衡化发展的新型城镇化。

以现代农业振兴带动农业人口市民化的新型城镇化是一种以政府为主导的城镇化推进方式。即首先由国家在顶层设计、政策规定、发展方向等方面做出统一部署，为新型城镇化发展提供政策、法律方面的支撑；其次由地方政府在产业规划、城镇建设规划、招商引资、配套服务业等方面做出统一安排；再次由农业及相关行业和企业在项目规划、资本运作、项目执行等方面付诸实施；最后是农民以土地、宅基地入股相关企业，并参与企业的生产运作。

4. 新型城镇化是实现"五化"的城镇化

新型城镇化对于从根本上解决"三农"问题、缩小城乡差距、较长时期保持经济平稳较快发展，以及实现全面建成小康社会的宏伟目标具有重要的战略意义。其定位必须建立在有利于改善人民群众生产生活的基础上，这是基本出发点和落脚点（袁常青，2013）。新型城镇化的终极目标是农村土地集约化，农业生产规模化、专业化、现代化及农民生活市民化。而原有城镇化是定位于"社会主义新农村建设"的小城镇建设，其目标是力争做到"生产发展、生活宽裕、乡风文明、村容整洁、管理民主"。过去30多年的历史经验表明，原有城镇化的定位已经在很大程度上阻碍了城镇化的发展。因此，推进新型城镇化需要重新定位。新型城镇化定位应是在政府战略发展规划框架下，使城市顺应市场力量，更自然、更有效地成长。在目前我国经济增幅放缓的大背景下，新型城镇化已经被赋予了"扩大内需的最大潜力所在"的重要历史使命，其目标注定将与过去不同。因此，新型城镇化应该通过提供公共服务强化市场配置资源的功能，减少政府以行政手段干预市场配置人口、土地和资本，以"五化"作为新型城镇化的终极目标，改善城市的连接性、方便人们生活和工作、提升城市运行效率，促进形成新的城镇化格局。

4.1.2　县域产业聚集是新型城镇化的关键

没有产业支撑的新型城镇化，缺失活力和竞争力。科学合理的城镇化，产业依托是根基，并且这些产业发展要拥有可持续性。县域产业集聚的建设，有利于我国新型城镇化建设，有利于农业土地集约化，有利于发展循环经济和建设节约型社会。

1. 县域产业聚集带动人口聚集

没有产业支撑的城镇化，大部分新进城农民则会成为"种田无地、上班无岗"无所事事的闲人。因此，创造稳定的就业机会是留住城镇新进人口、推动新型城镇化建设的核心。解决这一难题的方法是加快县域产城融合步伐，建设选育优质县域产业聚集园区。县域产业聚集能够形成集聚效应和规模经济，创造更高的生产率，使生产、流通、消费、基础设施、公共服务乃至创新一体化。而将成熟并且有较强带动作用的产业落户到县域产业聚集区，可以为县域经济发展带来新观念、人才、资金、技术和市场。工业项目落地县域产业聚集区会带来相应的就业岗位增多，以及城镇新进入人口的就业机会增多，进城农民和企业各得其所。

一方面，农民进入城镇，不仅仅是消费者，更重要的是生产者、创新者。农民接受培训成为产业工人，参与工业化与城镇化进程，不仅素质将会提升，收入也稳定，让农民及其家庭更好地融入城镇社会，可以在新城镇中安居乐业。另一方面，在县域产业聚集园区，企业用地成本低，用工本地化，降低了人力成本，减少了人员的流动性，也提高了员工的稳定性。因此，大力发展县域产聚集可以有效实现新型城镇化的人口聚集。

2. 县域产业聚集为新型城镇化良性发展带来资金支持

新型城镇化建设不是一朝一夕能够完成的，是一个长期的发展过程，需要持续不断地投入大量资金。一方面，新型城镇化建设是一个持久的过程，需要持续不断的资金投入，所需资金不可能长期依赖土地出让金和财政补贴。因此，新型城镇化建设需要通过制定相关优惠政策、完善投资环境、增强民间投资政策的吸引力。另一方面，新型城镇化建设需要培育城镇自身的造血功能，解决城镇化建设和产业发展资金难的问题。

县域产业聚集为城镇化要素的空间集聚提供了前提保障和基础条件，能够促进新型城镇化的发展。县域产业集聚园区通过实体经济的自身造血功能促进新型城镇化建设，推动、支撑和提升新型城镇化的发展。县域产业集聚区建设集聚资金、技术、人才等生产要素。进入产业集聚园区的企业，在其发展成熟后，可以通过税收使地方财政得到有效改善，使新型城镇化建设具备了自我造血功能。有了县域产业集聚园区产业的反哺，新型城镇化就会更有活力，更能持续长久。同时，县级政府有了财力，就可以不断完善学校、医院、住宅等配套基础设施建设，不断为城镇居民提供均等的医疗、教育、养老、交通等公共服务，不断地改善民生，新型城镇化是以产城融合推进县域产业集聚区建设。

3. 县域产业聚集为县域经济发展带来资源聚集

产业集聚区是促进县域经济发展的有效载体，县域经济的发展离不开资源的聚集。长久以来，大多数县域经济发展缓慢，其主要原因是经济基础薄弱，经济总量偏小，资源、资金短缺。因此，借鉴先进地区快速发展县域经济的成功经验，办好县域产业聚集园区，是加快县域经济发展的最好形式和有效办法。县域中小城镇也可以为县域经济的发展集聚资源，为企业发展提供广阔空间。县域城镇各类生产要素和居民生活成本低，只要引进先进的管理、技术和设备，能够支撑起县域经济的发展，就能实现企业、当地居民、社会的相得益彰。

县域产业集聚区建设是新形势下破解县域资源环境困境、促进新型城镇化建设的最佳选择。县域产业集聚区建设，能够较好地解决困扰县域经济和社会发展的难题，促进社会资本和人力资本存量的增加，能够激活当地劳动力、土地、矿产、资金等各种资源，充分发挥县域产业聚集的要素聚集优势，形成具有比较优势的产业结构。县域产业集聚的聚集效应使县域资源优势发酵、产业优势走强，强势产业得到发展，提升了县域主导产业的市场竞争力，促进了县域经济的科学发展、跨越发展。因此，充分发挥县域产业聚集的要素聚集优势，形成具有比较优势的产业结构，能够使县域产业集聚区在实现社会就业、推进新型城镇化建设等方面都发挥出积极的作用（李松，2014）。

4. 县域产业聚集推动产业向城镇集聚进而促进城镇化发展

县域产业聚集园区的培育、成长和成熟是一个不断吸引第二产业和第三产业向城镇集聚的过程。在县域集聚区开发过程中，必须集中构建县域产业集聚区的现代服务体系，立足资源共享、功能互补，实现县域产业集聚区的功能社会化、服务市场化，高效利用资源。由于产业集聚的专业分工带来的规模经济和范围经济，以及企业集聚和产业分工的交易费用节约的吸引，当一个企业落户在县域产业集群园区后，就会有相关配套企业跟随进来，形成一个大企业在中心、配套企业在外围，最后是服务企业的跟进的一个良性循环。当大量同类或相关联企业、项目的集中布局、聚集发展，就形成了一个既有产业支撑，又有服务业的相对成熟的新型城镇，为县域循环经济发展、污染集中治理、社会服务共享创造了前提条件。县域产业聚集园区的建设，降低了生产成本，提高了县域经济的整体竞争力，进而能够推动、促进新型城镇化的发展。与过去倡导的城镇化、建工业园区有本质的区别，今天的新型城镇化不是简单地建城镇、建工业园区，而是走产城融合模式，推进新型工业化、城镇化的发展模式。县域产业集聚区不仅限于工业，也可以是农业、现代服务业或一二三产业相互链接、复合发展的特色产业聚集区（赵华，2010）。县域产业集聚的建设，有利于我国新型城镇化建设、农业土地集约化和发展循环经济，有利于建设节约型社会。以产城融合模式推动新型城镇化建设，走适合国情的农村新兴工业化道路，以产业集聚带动人口的聚集，以县域产业集聚区的服务功能为新型城镇化的人口集中创造条件、提供基础支持。当大量同类或相关联企业、项目的集中布局、聚集发展，就形成了一个既有产业支撑，又有服务业的相对成熟的新型城镇，为县域循环经济发展、污染集中治理、社会服务共享创造前提条件。县域产业聚集园区的建设，降低了生产成本，提高了县域经济的整体竞争力，进而能够推动、促进新型城镇化的发展。

新型城镇化是我国现代化的必由之路，推进城镇化建设为我国未来经济的增长提供了巨大的发展机遇。科学合理的城镇化，关键是要实现"人的城镇化"，而产业发展是新型城镇化的根基，因此把产业集聚作为新型城镇化建设的驱动力量是符合我国国情和国内外城镇化发展实践的。将新型城镇化建设的推动力量立足于县域产业聚集园区建设，不仅可以促进县域经济科学发展、跨越发展，也可以推动新型城镇化建设。

4.2 县域产业聚集中的综合交通系统规划关键问题

交通运输是区域经济增长和产业聚集的重要影响要素，产业聚集是农村城镇化的依托（杨洪焦，2008），产业聚集为中小企业构筑了一种有效的空间集群地域组织模式，为城镇化要素的空间集聚提供了前提保障和基础条件，而城镇化的发展是产业聚集发展的催化剂。产业集聚有效地促进具有特色的专业化产业聚集区的形成，成为区域经济发展的动力（刘军，2011）。

交通运输在促进城镇要素跨域流动、支撑城镇经济协调发展、保障城镇社会有序运行、引导城镇产业合理布局、锚固城镇空间格局形态等方面具有重要作用（樊一江，2012）。相对于中心城市，目前我国县域综合交通系统基础设施建设任务依然繁重，存在交通运输网络布局不合理、资源分布不均衡、结构失调、管理条块分割、综合效益不高等问题，这些问题在很大程度上限制了县域内部的合理分工和产业结构的优化升级，阻碍了城镇化进程（徐阳，2013）。因此，县域综合交通系统建设成为新型城镇化进程中的主动选择。

4.2.1 县域综合交通系统对县域产业聚集的影响

经过多年的发展，目前京津冀三地都遇到了依靠自身力量根本无法解决的问题。多年来，作为一国之都的北京，过多地承担了政府的经济职能，因此需要与天津、河北合作，转移和疏解部分经济功能到津冀，为北京的服务业及高科技产业腾出发展空间。而天津也需要与北京和河北，尤其是北京的金融和科技等高端要素与河北的能源、原材料和劳动力等低端要素资源相组合，为天津经济发展提供新动力。夹在京津中间，河北这些年的发展受到了极大的限制，付出的太多，得到的太少，迫切需要京津两地辐射带动（周立群，2014）。京津冀一体化协同发展，能够使京津冀区域要素资源得到进一步整合，能够在更大范围内配置京津冀三地的生产要素，增强京津冀三地各自的内生发展动力。

京津冀一体化协同发展必然需要河北承接北京与天津的部分产业转移，也必然会加速河北新型城镇化的进程。京津冀一体化中的新型城镇化过程是一个由在县域产业不断聚集下带动人口不断聚集的过程。县域产业聚集是城镇化要素空间集聚的基础，而城镇化的发展是产业聚集发展的一个催化剂。县域产业聚集需要培育对接、吸纳人口和产业培育，新型城镇化不同于传统城镇化，不能偏离了新型城镇化以人为本的精神。因此，京津冀一体化中的河北新型城镇化的核心是县域产业聚集。

1. 县域综合交通系统促进县域产业聚集的集约发展

便利的交通运输是县域产业聚集产生、发展的重要条件，也是推动新型城镇化建设的物质要素。综合交通系统是通过在空间位移和时间跨度变化上的高效率实现企业经济成本的节省和经济总量的提高。在生产要素自由流动条件下，生产要素会根据资源最佳配置原则流向交通基础设施较好的地方。因此，综合运输基础设施完善的城镇，可以有效地吸引各个方面的资源形成产业聚集。

县域综合交通系统建设提高了交通运输服务水平，可以直接降低企业的生产成本，提高企业的生产率，即"成本节约效应"。运输成本的降低，有利于生产要素的流动，在更大范围内对生产要素进行调整，从而实现资源的最佳配置，即"生产要素配置效应"，达到促进县域经济增长的目的。

县域综合交通系统为县域产业聚集提供了经济活动所需的空间联系和基础设施的支撑体系，通过降低成本形成县域产业聚集的集中优势。运输成本的降低有利于实现县域产业聚集生产要素价格的均衡，使县域产业聚集园区内不同企业能够按照比较优势的原则组织生产，实现专业化生产，降低生产成本的同时产生人力资本、知识溢出效应和规模经济效应，从而进一步促进县域产业的聚集发展。同时，运输基础设施也是吸引投资的一个重要因素，现代经济学最有影响的英国经济学家凯恩斯（John Maynard Keynes）认为，政府投资于运输基础设施是拉动经济发展的一种手段（林馥波，2006）。县域综合交通系统完善和发展会带动一批新型相关产业的发展和壮大，实现生产规模经济、增强专业化分工、推动经济的发展。

2. 县域综合交通系统为县域产业聚集和扩散提供路径

县域综合交通系统的发展进一步降低了运输成本，使原来很多因为距离成本因素无法合作的企业之间的合作成为可能，使社会分工更加细化，供应链中上下游合作伙伴的选择范围进一步增加。这样不但促进了相同和相近产业的聚集，还促进了社会分工和规模经济的实现。同时，由于相似企业的聚集必然带来知识和技术的共享和外溢，从而促进了技术进步和创新，带动向前和向后相关联产业的发展壮大，推动了县域产业聚集和县域经济的发展。当县域产业空间聚集发展到一定程度时，聚集度较高的县域产业聚集区又会沿着完善的交通运输通道向周围区域进行扩散，扩大企业生产和商业贸易活动发展的空间，进一步推动规模化经营，促成县域内外的广泛交往，使本来受制于区位条件不能均衡分布的产业可以借助县域综合交通系统的发展，相对合理地分布，从而促进县域产业聚集和县域经济发展。

县域综合交通系统对县域空间溢出效应、集聚扩散效应及产业聚集之间的吸引与辐射效应必然影响县域产业聚集和县域经济发展，促使县域空间产业间结构的演化和重组，从而促进新型城镇化建设。

3. 县域综合交通系统有助于县域产业聚集区的协调发展

自改革开放以来，我国城镇数量越来越多，大量农村剩余劳动人口逐渐转移到了城镇，使我国城镇化水平不断提高，促进了农村经济的发展。但在发展过程中，也出现了一些亟待解决的新问题。其中，县域经济发展不平衡的问题尤为突出，成为阻碍新型城镇化发展的主要障碍之一。县域综合交通系统在缩小地区差距，改变区位条件，协调区域经济发展方面发挥着极其重要的作用。首先，县域综合交通系统的发展可以提高县域交通可达性，改善产业聚集区位条件。可达性的提高意味着县域产业聚集经济主体间联系的运输条件转好，运输距离缩短，运输费用降低，产品成本下降，从而使县域产业聚集的区位条件得到改善，比较优势和竞争优势得到提高。其次，县域综合交通系统的发展可以加强县域和整个经济区域之间的交流与合作。随着合作不断向纵深推进，各种经济要素的流动日益加强，不同区域联系更加密切、迅速，其联系正在以前所未有的方式、结构、速度、规模向前发展。交通运输是不同区域间人员、物资等要素流动和空间联系的主要载体。县域综合交通系统服务能力的提高可以加强中心城市与县域城镇的联系，有利于消除区域壁垒，促进中心城市与县域城镇间分工与协作，实现优势互补，资源整合，促进市场一体化建设。

4. 县域综合交通系统有助于提升县域产业聚集区竞争力

县域产业聚集区竞争力是指县域产业聚集区内各经济主体在市场竞争的过程中形成并表现出来的争夺资源和市场的能力。县域产业聚集区竞争力的特点在于其受多层次、多方面因素的影响和制约，竞争力是县域产业聚集区发展综合实力和发展潜力的反映。县域综合交通系统的建设和发展将会直接和间接带动、促进其他相关因素和方面的发展。能够激活当地劳动力、土地、矿产、资金等各种资源，充分发挥县域产业聚集的要素禀赋优势，形成具有比较优势的产业结构。同时还带动消费水平的提升，提高县域产业聚集区与其他区域市场的需求结构的关联与影响程度，为县域产业聚集的优化提供市场保证。县域综合交通系统的发展可以促进经济增长，扩大开放程度，促进政府政策的实施和运行，改善金融环境、推动科学技术的传播、提高国民素质，最终将会促进县域竞争力的提升。反之，县域综合交通系统的基础设施薄弱、交通运输服务总量的不足、结构的不合理，也会成为阻碍县域产业聚集竞争力提升的制约因素。

4.2.2　县域综合交通系统规划的关键性

1. 完善的绿色县域综合交通系统规划

作为中心城市综合交通系统规划的重要组成部分，县域综合交通系统规划对县域产业聚集的建设、县域经济的可持续发展和县域人口生活质量的提高有着积极的促进作用，因此需要加强对县域综合交通系统规划的重视，并以先进的规划理念作为指导。

在县域综合交通系统规划中要坚持绿色交通理念，做到以人为本，倡导低污染、多元化，通过运用一定的管理策略和相应的技术措施，对县域综合交通系统进行合理规划，缓解县域交通压力并降低交通对环境的污染。县域综合交通系统规划坚持绿色交通的理念，结合农村、城镇的自然景观和历史风貌建设相应的交通基础设施，可实现县域综合交通系统与自然环境的有效结合；同时要以所处中心城市的城市规划标准为指导，真正地发挥中心城市交通规划对县域空间拓展的引导作用，打造环保节能的高品质的县域综合交通系统。

县域综合交通系统规划也要坚持一体化的交通运输理念，实现县域交通设施、交通运营和交通管理的一体化，同时要实现县域综合交通系统规划与中心城市综合交通系统规划的一体化，强化综合运输规划的整体性、全局性、长远性，摆脱单一方式、局部发展的传统方法的束缚（李东晓，2012），保证县域城镇和中心城市之间可以通过换乘枢纽、交通运营组织进行有效衔接和充分整合，充分发挥中心城市和县域城镇的各自优势，形成有机整体。

2. 县域综合交通系统下货物运输网络

运输成本（物流成本）降低是产业集聚的一个重要条件。县域综合交通系统下货物运输网络规划是县域产业聚集发展的一个关键性问题，也是县域经济发展的关键。

县域产业聚集区不同于中心城市的开发区，县域产业聚集是承接中心城市产业转移、吸纳培育新兴产业和壮大本地传统产业的集聚效应，是以农业产业化及农产品深加工的产业集聚。县域产业聚集的区域产业特征十分明显，需要建立支撑产业平台发展的综合运输系统，引导县域产业聚集空间拓展和县域经济发展。因此，县域综合交通系统规划和县域产业聚集区选址的协同一致性就成为不容忽视的问题。协同一致性问题主要涉及县域产业聚集区选址与县域综合交通系统规划的关系，县域综合运输系统对产业聚集区选址的影响和制约因素，产业聚集区节点与交通网络衔接的问题，即聚集区出入口的设置、如何通过选址使同类或相关联企业、项目的集中布局聚集发展、提高县域产业聚集区整体竞争力等。

物流中心是县域产业聚集区货运集散的重要设施，属于共有资源。如果物流中心选址不合适，不仅会造成县域交通堵塞，同时会影响县域城镇化形象。县域产业聚集区范围内的货运场站和物流中心要进行统筹考虑，建立等级功能清晰、规模布局合理的物流中心体系，物流中心应和中心城市的多种交通枢纽有效衔接，实现多式联运，这样可以有效降低产业聚集区内企业的物流成本。物流中心与交通基础设施的衔接要实现一体化运作，并且要与县域产业布局相结合，尽可能减少物流成本，提高货物中转效率，实现快速运输。县域产业聚集区内产业关联性强，其对外货运交通流方向多一致，而物流中心作为以运输为产品的交通枢纽，是内外货运集散中心，与园区联系紧密，且要求与集聚区主要对外货运通道联系便捷。

3. 县域综合交通系统下客运网络

县域产业集聚能更好地发挥规模经济效益，但县域产业集聚区的形成需依赖于劳动力资源、有经验的高级管理人员和高新技术人才。县域产业集聚区的劳动力资源多来自周边农村生活的劳动力，而有经验的高级管理人员和高新技术人才绝大部分可能来自周边中心城市。在县域产业集聚区直接居住的人口一般比较少，因此合理的客运站选址可缩短出行时间，减少不必要的出行成为县域综合交通系统规划的一个关键性问题。

县域产业集聚区通勤客流一般方向较明确，为保障客流的通达性，可根据周边农村主要居住生活区区位进行规划，设置限时客运通道，确保通勤出行时间稳定，保证道路服务水平，保障客流安全便捷，提高公共交通出行比例，减少客货干扰。

县域产业集聚区的交通特性与中心城市相比有很大的差异性，其与中心城市连接的交通通道客流出行距离较长，出行次数少，出行目的单一，机动车出行方式高，通勤特征更为明显。因此县域综合交通系统内部交通设施配置应充分考虑这一交通特性差异性，有区别于中心城市在道路、公交、停车等交通设施规划，以县域产业集聚区交通需求与土地利用的相互作用关系为机理，重点突出县域的鲜明土地利用特征和新型城镇功能特点，设立到达中心城市的直达公路高速客车，最大限度解决县域产业集聚区高级管理人员、高新技术人才和客商从中心城市到产业集聚区的交通难题。

4. 县域综合交通系统下运输服务水平

综合运输系统效率和质量体现了综合交通系统的"软实力"，综合运输服务水平是刻画其对社会与经济发展支撑能力的重要内涵（毛保华，2011），它包括运输速度、可达性、运输价格、安全与舒适性等因素，是衡量综合交通系统完善程度的重要标尺。

我国综合交通系统整体上在延伸运输服务产业链、提高运输服务增加值等方面存在不足。相对于中心城市，县域综合交通系统服务环境存在的问题更多。因此县域综合交通系统规划的发展重点是交通基础设施建设和提高运输服务水平并重，而不是过去那种只重视基础设施建设。既科学有序地推进交通基础设施建设，促进综合交通枢纽建设和各种运输方式的有效衔接，又要不断完善综合运输服务体系的相关功能，推进一体化运输服务，提高运输效率，促进县域综合交通系统与县域经济和资源环境的协调、集约发展。

提高县域综合交通系统服务水平，还要加强县域运输系统与中心城市的其他运输方式的衔接和配套，充分发挥县域运输系统的集疏运作用，推进县域综合交通系统的一体化运输服务，提高运输效率，实现综合运输的集约发展。提高县域综合交通系统服务质量的另一个经常存在的误区来源于对交通产品多元化的忽视。在供需关系得到缓解后，交通部门需要思考如何提供更加多元化的运输服务，包括不同速度、价格的运输产品，以适应不同层次、不同目的的客货运输需求。

4.3　区域协调发展中的县域综合交通系统发展策略

综合运输系统是国家经济发展的基础性服务产业，具有很强的先导性特征，也是连接地理空间和社会经济活动的纽带。京津冀协同发展战略的实施，为京津冀地区交通运输赋予了新的使命，对其发展提出了新的要求。京津冀一体化交通运输体系将为支撑和保障京津冀协同发展战略实施发挥重要的作用。相对于北京、天津及河北的一些中心城市，目前河北省县域综合交通系统基础设施建设任务依然繁重，存在交通运输网络布局不合理、资源分布不均衡、综合效益不高等问题，在很大程度上限制了县域内部的合理分工和产业结构的优化升级，阻碍了京津冀一体化战略进程。县域综合交通系统建设成为京津冀一体化进程中的一种主动选择，县域综合交通系统建设应该以县域产业聚集发展为核心。因此，在京津冀一体化背景下，从县域综合交通系统对县域产业聚集发展的影响入手，分析了京津冀协同发展过程中县域综合交通系统存在的问题，提出了京津冀地区县域综合交通系统发展建设中应注意问题，具有重要的现实意义。

4.3.1 县域综合交通系统发展中存在的问题

1. 缺乏有效、统一的综合交通系统规划

县域综合交通系统承担着由县域中心城镇到周边各乡镇中短途交通需求的辐射功能，也承担着京津和河北省中心城市交通干线的疏散功能，是京津冀区域骨干交通网络的重要节点（林馥波，2006）。

目前，我国综合交通系统更多的是关注解决大城市内部交通问题及强化城市群间的相互联系方面，对广大县域农村和城市建成区与县域交通联系考虑不足（林馥波，2006）。由于我国综合交通系统规划管理体制尚不健全，县域交通规划主要以上一级规划部门批复为准，这种各自为政的形式使京津冀三地对各自交通运输体系规划编制缺乏统一性，不仅使河北省内各地市交通运输体系衔接不畅，更使京津冀三地之间的综合交通系统网络的协调衔接性不足（孔庆峰，2012）。河北县域综合交通系统规划问题主要表现在以下几个方面。一是大部分县域缺少有效、统一的规划建设，交通通道定位模糊，路网结构不够清晰。二是尽管有些县域具有一定的综合交通系统规划，但这些交通规划基本是不同运输方式的各自规划，一体化交通协调发展的观念淡薄，缺乏对各种运输方式进行全面的思考和系统的规划，无法实现多种运输模式的优势互补和网络整合，难以满足城乡交通运输服务均等化的要求。三是县域综合交通系统规划与中心城市和京津冀三地综合交通系统规划脱节，没有统一到京津冀地区这个大的综合交通系统之中，各地交通运输基本都是自成体系，区域空间衔接性较差，各地

交通规划布局、道路建设标准及交通建设时序缺乏协调，京津冀省际交界区域的道路、不同县市乡道存在瓶颈路、断头路，缺少城乡之间直接连通的快速交通运输体系（陈璟，2012）。

2. 县域综合交通系统的空间节点连接不畅

县域综合交通系统是京津冀三地一体化综合交通系统形成和发展的重要空间节点，是加强中心城市与县域交通联系，同时也是促进县域当地经济发展和新型城镇化的保障基础。实现农村经济发展是新型城镇化建设主要目标，也是县域综合交通系统建设的主要任务。过去京津冀三地交通基础设施建设各自为主，缺乏统一协调性，河北县域交通条件相对较差，在中心城市与县域之间存在瓶颈路、断头路，公交线网和轨道交通也极少延伸至此县域。而在县域，则仅有少量长途客运线路，公交线网相对稀疏、站场规模不足。随着新型城镇化的发展，县域人口和产业会大量集聚，城镇化规模与交通布局不相匹配愈加严重，直接影响到县域聚集区的投入产出流通和新型城镇化的发展。

县域综合交通系统承担着县域内及周边城镇间的客货运输，是中心城市和县域客货流连接的主要交通通道。县域综合交通系统的空间节点与中心城市连接不畅主要表现在客运和货运（物流）的空间节点连接两方面。一方面，县域综合交通系统的空间节点连接不畅会导致在新型城镇化进程中出现盲目建设产业聚集区，建成后又大量空置的现象。更主要的是产业聚集区承载规模如果过大，会导致交通载体承受不了，货运不出去，路又拥堵。另一方面，虽然现阶段河北城镇农村、农道路状况得到了很大的改善，但是农村人口的行路难问题依然是城镇化发展的难题。同时由于县域城镇农村人口属低收入阶层，对交通服务价格敏感、对公交依赖性高，如何保障其基本通勤要求的问题就更加突出。因此县域综合交通系统的规划建设并没有充分考虑县域对外交通发展的现状，实现与区域骨干交通网络的集散性对接，与中心城市轨道、城市公交的衔接，减少乘客换乘时间，提高城际轨道、铁路站点对客流的集散作用。

3. 县域综合交通系统服务质量不高

交通运输效率和质量是评价交通运输体系的重要指标，服务水平反映的是综合交通系统对社会与经济发展支撑能力指标，它包括运输速度、可达性、运输价格、安全与舒适性等因素，服务水平也是评价一个综合交通系统完善程度的重要指标（樊桦，2011）。综合交通系统向社会和消费者提供的服务包括客货运输服务和运输辅助性服务两大类，其中客货运输服务属于综合运输服务体系产出的核心产品（李冬晓，2012）。

河北县域综合交通系统整体上在延伸运输服务产业链、提高运输服务增加值等方面存在不足。相对于中心城市，县域综合交通系统服务环境存在的问题更多。县域综合交通系统过去是只重视基础设施建设，而忽视运输服务水平的提高。在当前交通运输宏观与行业管理体制框架下，县域综合交通系统服务发展地位低下。县域综合交通系统管理部门，对设立和完善交通运输服务管理机构和机制不够重视，并且由于在体制上为县域交通运输提供服务的条件也先天不足，因此必须通过增强县域运输服务水平和提升运输效率，来推进县域交通运输系统的发展。同时由于我国各种运输方式和装卸工具的标准化、自动化程度比较低，票据系统和信息系统又各成体系，这使一体化运输服务面临着技术和管理等诸多环节的制约。

4.3.2 县域综合交通系统发展策略

1. 完善绿色县域综合交通系统规划

作为京津冀一体化综合交通系统建设的重要组成部分，不能忽视河北省县域综合交通系统建设。河北省县域综合交通系统规划对京津冀协同发展、对河北省县域产业聚集的建设、县域经济的可持续发展和县域人口生活质量的提高有着积极的促进作用，因此需要加强对京津冀三地县域综合交通系统规划的重视，并以先进的规划理念作为指导（李松，2015）。

在过去的几十年里，由于条块分割，河北省与京津之间形成了将近20条"断头路"，还有更多的瓶颈路，总里程将近2400公里[①]。因此，京津冀一体化协同发展首先应该是京津冀交通一体化发展，坚持系统科学规划原则，结合京津冀一体化交通发展规划，按照统一规划和农村区域特点，

---

① 京津冀交通一体化加速 ［EB/OL］. 人民网，2017 – 08 – 07.

制定县域综合交通系统规划。在县域综合交通系统规划中要坚持绿色交通理念，做到以人为本，倡导低污染、多元化，通过运用一定的管理策略和相应的技术措施，对县域综合交通系统进行合理规划，缓解县域交通压力并降低交通对环境的污染。县域综合交通系统规划坚持绿色交通的理念，结合农村、城镇的自然景观和历史风貌，建设相应的交通基础设施，可实现县域综合交通系统与自然环境的有效结合；同时要以所处中心城市的城市规划标准为指导，真正发挥中心城市交通规划对县域空间拓展的引导作用，打造环保节能的高品质县域综合交通系统。

京津冀一体化，仅打通断头路、拓展瓶颈路是不够的，必须让各类客货车辆迅捷流动于县域交通节点，从大局观上看，这决定了京津冀协同发展战略能否快起来、活起来。县域综合交通系统规划也要坚持京津冀一体化的交通运输理念，实现县域交通设施、交通运营和交通管理的一体化，同时要实现县域综合交通系统规划与京津冀综合交通系统规划的一体化，强化综合运输规划的整体性、全局性、长远性，摆脱单方式、局部发展的传统方法的束缚（李冬晓，2012），保证县域城镇和中心城市之间可以通过换乘枢纽、交通运营组织进行有效衔接和充分整合，充分发挥京津、河北省中心城市和县域城镇各自优势，形成有机整体。

2. 畅通县域综合交通系统货物运输网络

河北县域综合交通系统既要围绕经济中心、中心城市形成交通节点，又要围绕新经济区和新城镇展开建设。综合交通系统是县域城镇经济发展的重要基础，同时也是优化县域城镇产业布局及产业形态的重要影响因素。物流成本是形成产业集聚的一个重要条件。县域城镇货物运输网络规划是县域产业聚集发展的一个关键性问题，也是县域城镇经济发展的关键。县域城镇经济区与城市开发区相比就有很大的差异。目前的河北县域产业聚集主要是为承接京津和本省中心城市产业转移、吸纳培育新兴产业和壮大本地传统产业为目的，是以农业产业化及农产品深加工的产业集聚。因此从本质上讲，县域城镇产业聚集的区域产业特征显著，因此需要建立支撑这个产业发展的物流系统。正是因为这一原因，县域综合城镇交通运输规划和物流中心选址的经济性就成为一个绝不能忽视的问题。

完善高效的交通运输体系，是中心城市和县域城镇的空间连接通道，可以有效推动城乡的交流融合。物流运输是县域城镇产业聚集区货运集散的重要设施，属于共有资源。因此县域产业聚集区范围内的各种货物运输设施要进行统筹考虑，建立等级功能清晰、规模布局合理的物流体系，要考虑县域城镇交通网与当地产业布局衔接，也要顾及县域城镇物流体系和京津、河北省中心城市的多种交通枢纽的有效衔接，实现多式联运，这样可以有效降低企业的物流成本。同时，县域城镇物流体系与京津、河北省中心城市物流运输体系要实现一体化运作，并且要与县域产业布局相结合，尽可能减少物流成本，提高资源配置效率，实现快速运输。

3. 发展县域综合交通系统快速客运网络

县域产业集聚区最大的资源是在周边生活的、相对廉价的劳动力资源。但企业的发展、产业园区的发展更离不开有经验的高级管理人员和高新技术人才，这些管理、技术人才绝大部分可能来自周边中心城市，甚至可能来自京津。京津冀一体化协同发展，给这些人才到县域产业园区工作带来了可能。但是如果过于耗费出行时间，那么这种工作意愿会大大降低。因此县域客运选址就成为县域交通运输体系的一个必须要解决的问题。

县域城镇客运交通流量相对简单，通勤特征比较明显。县域城镇客流主要包括两部分：一部分是当地居民出行，这类出行者所使用交通工具种类繁多；而另一部分是外地长途出行，这类在当地工作在外地居住的出行者，出行次数少，出行目的单一，需要确保通勤出行时间稳定。因此，作为承担客运运输的重要组织通道，县域综合交通系统要充分考虑自身的定位，一是要根据城镇周边居住生活区区位进行合理规划，提高公共交通出行比例，设置限时的客运通道、减少客货干扰、保证道路畅通；二是连接京津冀等中心城市 50 公里、100 公里高铁、地铁等轨道交通圈，加强与京津和河北省中心城市等重要交通节点的对接，发挥为中心城市客运体系高效集散的功能，使县域综合交通系统成为高效、灵活、快捷的客运通道；三是设立到达京津和河北省中心城市的直达客车，或者考虑公路与高铁站相衔接，考虑实现京津冀三地城际铁路五分对接，最大限度解决县域交通难题。

4. 借力京津冀交通一体化，提高运输服务水平

县域综合交通系统的发展离不开交通基础设施建设，交通基础设施建设对实现县域综合交通系统发展具有重要的影响，但更重要的是要实现运输服务过程中的高效率、低成本，为新型城镇化和当地经济的发展创造良好的环境和条件。因此，要在县域城镇不断完善的交通基础设施基础上，依托县域产业和县域城镇人口开展各种形式的交通运输服务。在今后一个时期内，河北省县域综合交通系统规划的重点要实现基础设施建设和提高运输服务水平并重，不能像过去那样只重视基础设施建设。此外，河北县域城镇在科学有序地推进交通基础设施建设基础上，要不断促进县域综合交通系统通过河北中心城市或者直接与京津骨干运输网的各种运输方式进行的有效衔接，并不断完善交通运输系统的各种服务功能，推进京津冀一体化运输服务，提高运输效率，促进河北县域交通运输系统与县域经济的协调发展和集约发展（李冬晓，2012）。

河北县域综合交通系统要突出解决综合交通系统的软件设施一体化，实现政策统一化、服务信息化、技术标准化、管理协调化、运营市场化。服务水平一直是县域综合交通系统的一个大问题，在京津冀交通一体化背景下，要加强河北省县域交通运输系统与京津地区以及河北省中心城市的衔接和配套，充分发挥河北省县域集团运输系统的集疏运作用，推进一体化运输服务，提高运输效率，实现县域综合运输的集约发展。京津冀协同发展对河北省交通系统的影响是巨大的，在河北县域交通供需关系得到改善之后，要充分考虑如何提升县域更加多元化的运输服务问题，要以速度、价格、层次、目的等多方面满足不同的客货运输需求，通过高效率的运输服务加快京津冀交通一体化的实现进程。

4.4　铁路车站站点设置对县域交通可达性的影响

城镇发展与交通可达性密切相关，而交通可达性是研究区域经济发展与交通网络关系的重要指标。可达性在一定程度上反映了交通网络中各城

镇的地位和作用（Geurs，2004）、城镇未来的发展潜力与竞争力（Dupuy，1996），同时可达性也是评价区域取得发展机会和控制市场能力的有效因素之一。目前国内外可达性的研究已趋成熟，可达性度量方法很多，常用的可达性度量方法包括：距离法、重力模型法、概率法、效用法和基于矩阵的拓扑法等（曹小曙，2005；陈洁，2007）。国内外学者借助可达性方法定量评价交通带来的区域经济空间可达性格局变化（郭建科，2015；陈博文，2015；朱兵，2010）。总体来看，学者们研究的重点在于利用可达性模型来分析可达性与经济发展之间的关系，对可达性的研究主要存在两点不足：一是可达性计算方法的缺陷，现有模型对于交通可达性的计算往往比较主观、方法不够严谨；二是县域可达性研究不足，铁路车站站点设置对县域可达性的影响研究呈弱势。铁路对于区域可达性的影响研究已屡见不鲜（马晓蕾，2016），铁路对县域可达性的影响却比较少。随着我国铁路的快速发展，县域等级较低的铁路车站对县域交通可达性和县域经济发展影响力越来越低，甚至有学者认为县域铁路车站对县域交通可达性和县域经济发展已经失去了作用。为充分发挥铁路在综合交通运输体系中的骨干作用，研究铁路车站站点设置对县域交通可达性的影响是十分必要的（李松，2017）。基于此，着眼于已有的交通可达性模型，在对比分析基础上对县域交通可达性测度评价指标进行合理的优化，引入县域客运量和县域公路路面宽度等新的测度评价指标，构建县域交通可达性测度模型，以山东省德州市及下属 9 县（含县级市）为例对县域交通可达性测度模型进行验证，探讨铁路车站站点设置对县域交通可达性的影响。

4.4.1　研究数据

为验证交通可达性测度模型算法有效性，以德州 9 县市（含县级市）为例，构建了 2 种县域交通可达性测度模型：第一种是交通可达性测度基本模型；第二种是改进交通可达性测度模型，即采用改进的 f_1、f_2 指标模型。德州市所辖 9 县市（含县级市）基本参数和铁路车站位置情况如表 4 - 1 和表 4 - 2 所示，铁路车站等级划分及征求专家意见给出的赋值如表 4 - 3 所示。研究中所用数据应用 ArcGis10.2 地理信息系统分析软件进行矢量数据处理。对比研究结果分析验证所提出的改进县域交通可达性模型的可靠性和铁路车站站点设置对县域交通可达性的影响。

表4-1　　　　　　　　德州9县市（含县级市）基本参数

区　域	与德州距离（公里）	客运量（万人/年）	GDP（亿元）	面积（平方公里）
宁津县	67.1	698	125	833
庆云县	124.5	463	88	502
临邑县	70.3	763	150.8	1016
齐河县	91.9	706	165	1411
平原县	34.3	740	142.5	1047
夏津县	67	890	118.9	871.9
武城县	39.2	520	120	750
乐陵市	100.2	1190	125	1172
禹城市	77.9	857	137	990

资料来源：《德州市经济统计年鉴》。

表4-2　　　　　　德州9县市（含县级市）铁路车站位置情况　　　　　单位：公里

站点（等级）	宁津	庆云	临邑	齐河	平原	夏津	武城	乐陵	禹城
德州（一）					43.5		39.8		
德州东（一）	51.8		50.6		40.4		50.6		
禹城（三）			40.2	20.4	49.8				内
平原（三）			42.1	内		50.3	33.1		48.9
晏城（四）			58.2	内					20.6
三唐（四）			52.1		内	55.1	36.4		54.2
长庄（三）	58.8				50.4		46.5		
伦镇（三）				26.9	54.8				内
黄河涯（四）			55.5		22.4	59.9	33		
张庄（四）			42.2	42.2	19.7		51.6		内
黄桥（四）			42	35.4	26.5		58.4		内
许官屯（四）					51.9		55.5		
林庄（四）			43.9	52.7	内		43.1		24.1
十二里阁（四）			内						37.2
王字庄（三）			内						8.8

续表

站点（等级）	宁津	庆云	临邑	齐河	平原	夏津	武城	乐陵	禹城
八里庄（三）					47.6		43.4		
李家桥（三）			57.1		16.6	57.8	37.2		59.9
于官屯（四）					31.7		35.5		
孙庄（三）				内					32.4

注：表中空白处指距离大于60公里的情况；"内"指铁路车站在县域里面。

资料来源：作者根据德州市 1∶250000 的电子地图统计得出。

表 4-3　　　　　　　　　　铁路车站等级划分及赋值

火车站等级	现实格局	赋值
一等站	拥有一等车站	2.5
	距离一等车站30公里以内	2
	距离一等车站60公里以内	1.5
	其他	0
三等站	拥有三等车站	1.5
	距离三等车站30公里以内	1
	距离三等车站60公里以内	0.5
	其他	0
四等站	拥有四等车站	1
	距离四等车站30公里以内	0.5
	其他	0

4.4.2 模型计算

本章研究铁路车站站点设置对县域交通可达性的影响问题，采用第 3.3 章节交通可达性改进模型进行计算分析，分别应用县域交通可达性基本模型和基于投影寻踪模型的县域交通可达性改进模型计算分析，具体模型应用情况如下。

县域交通可达性基本模型：应用式（3-1）计算县域交通可达性，应用式（3-2）和式（3-5）分别计算计算与中心城市的区位关系指数 f_1 和县内连通度指数 f_2，区外可达性评价指数 f_3 应用式（3-6）计算。

基于投影寻踪模型的县域交通可达性改进模型：应用式（3-16）计算县域交通可达性，应用式（3-17）和式（3-19）分别计算与中心城市的区位关系指数 f_1 和县内连通度指数 f_2，区外可达性评价指数 f_3 赋值间隔选取 0.5。

首先计算与中心城市的区位关系指数 f_1、县内连通度指数 f_2、对外通达性指数 f_3 三个指数，其中，a_1、a_2、a_3 3 个权重分别为 0.25、0.25、0.5（程钰，2013）。其次应用式（3-1）和式（3-16）计算交通可达性。两种交通可达性模型的权重参数和计算结果如表4-4和表4-5所示。

表4-4　　　　　　　　　　基本模型计算结果

区域	f_1	f_2	f_3	D
宁津	0.73	2	22.5	11.9325
庆云	0.73	1	14.5	7.6825
临邑	0.73	0.5	32	16.3075
齐河	0.73	2.5	33	17.3075
平原	1.095	2	40	20.77375
夏津	0.73	2	10	5.6825
武城	1.095	1.5	24	12.64875
乐陵	0.73	1	19.5	10.1825
禹城	0.73	3	31	16.4325

表4-5　　　　　　　　　　改进模型计算结果

区域	f_1	f_2	f_3	D
宁津	7.61	1.83	22.5	13.61
庆云	2.72	2.34	14.5	8.515
临邑	7.94	2.79	32	18.6825
齐河	5.62	2.9	33	18.63
平原	15.78	3.33	40	24.7775
夏津	9.72	4.11	10	8.4575
武城	9.7	4.65	24	15.5875
乐陵	8.69	3.38	19.5	12.7675
禹城	8.05	3.99	31	18.51

对比表4-4和表4-5可以看出，对于基本模型中与中心城市的区位关系指数 f_1 的取值几乎没有差别，这与实际情况不相符；县内连通度指数 f_2 由于计算过程中被直接赋值了，因此它成线性变化，并且在计算中人为地减小了实际结果的差别；而改进模型则修正了 f_1 和 f_2 的误差，使最终可达性计算结果更精确和有更强的可比性。

相对于基本模型，改进模型计算出的可达性结果虽然总体排序上并没有太大的变化，但具体可达性已经有了明显的变化，进一步验证了改进模型是可靠的。

4.4.3　结果分析

铁路车站点设置对交通可达性的影响从两个方面考虑：一是县域内拥有的铁路车站对可达性的影响（影响1）；二是周边所有铁路车站点对可达性的影响（影响2）。具体数据处理分别在对外通达性指数 f_3 中进行，计算结果如表4-6和表4-7所示。为对结果进行比较，将表4-5、表4-6和表4-7以可达性无变化的庆云县可达性为基准进行归一化处理，结果如表4-8所示。

表4-6　　　　　　　　县域内拥有的车站对可达性的影响

区域	f_1	f_2	f_3	D
宁津	7.61	1.83	22.5	13.61
庆云	2.72	2.34	14.5	8.515
临邑	7.94	2.79	32	18.6825
齐河	5.62	2.9	28	16.13
平原	15.78	3.33	36.5	23.0275
夏津	9.72	4.11	10	8.4575
武城	9.7	4.65	24	15.5875
乐陵	8.69	3.38	19.5	12.7675
禹城	8.05	3.99	26	16.01

表 4－7　　　　　　　　　周边所有铁路车站点对可达性的影响

区域	f_1	f_2	f_3	D
宁津	7.61	1.83	20.5	12.61
庆云	2.72	2.34	14.5	8.515
临邑	7.94	2.79	29	17.1825
齐河	5.62	2.9	26	15.13
平原	15.78	3.33	29	19.2775
夏津	9.72	4.11	9	7.9575
武城	9.7	4.65	19	13.0875
乐陵	8.69	3.38	19.5	12.7675
禹城	8.05	3.99	22.5	14.26

表 4－8　　　　　　　　　　　3 种模型结果对比

模型类型	宁津	庆云	临邑	齐河	平原	夏津	武城	乐陵	禹城
改进模型	1.5984	1.0000	2.1941	2.1879	2.9099	0.9932	1.8306	1.4994	2.1738
影响1	1.5984	1.0000	2.1941	1.8943	2.7043	0.9932	1.8306	1.4994	1.8802
影响2	1.4809	1.0000	2.0179	1.7769	2.2639	0.9345	1.5370	1.4994	1.6747

　　从表 4－6、表 4－7 和表 4－8 可以看出，在仅考虑县域内铁路车站对可达性的影响时，齐河、平原和禹城 3 县的可达性降低，其他县市没有变化，对照表 4－1 可以发现，这 3 个县的 GDP 排名为 1、3 和 4，从这一点上看，县域内的铁路车站站点不仅影响可达性，而且可以对该县域的经济具有重要作用（GDP 排名第 2 的临邑县经济发展主要依靠该县的石油天然气资源）。在考虑所有铁路车站站点对可达性的影响时，除庆云和乐陵距所有铁路车站站点都超过 60 公里不考虑铁路车站的影响外，所有的县市的可达性均有不同程度的降低；从经济发展情况看，庆云 GDP 位列德州最后一名，仅有一个三等站在县域 60 公里内的宁津县位列倒数第 2 名。

　　从上述结果不难得出一个结论，虽然由于高速铁路的发展，很多列车已经不停靠低等级车站，但是铁路车站站点设置对于县域可达性和县域经济发展仍然具有较大影响。

　　县域交通可达性测度模型研究对于通过可达性与县域城镇人口和生产力布局的互动作用来促进县域城镇化发展具有重要意义。在交通可达性研究成果的基础上，建立一种县域交通可达性计算模型，该模型除了社会经济水平之外，更多地考虑了县域的交通特性对于可达性的影响，因此能够比较合理的反映县域交通网络可达性的实际情况。本章利用山东省德州9县市数据验证了模型的可靠性，并分析了铁路站点设置对县域可达性和县域经济发展的影响。研究结果表明，铁路站点的设置显著提升了县域可达性水平，能够给县域带来显著的经济效应。

4.5 本章小结

在过去40年的发展中，京津冀综合交通运输系统的协调发展并未取得预期效果。目前河北省综合交通运输系统存在的交通网络布局不合理、区域发展不平衡、结构不平衡、区域间协调机制缺失等问题，已成为制约京津冀交通一体化的关键原因。河北省县域综合交通体系建设是京津冀交通一体化建设的重要组成部分，应当紧紧围绕经济中心和中心城市建设交通枢纽，同时也要加强新经济区和新城镇的发展，突出软件设施在综合交通运输系统中的集成，实行策略统一、业务数字化、工艺规范化、管理协调、运营市场化，以促进京津冀地区的可持续发展。本章分析了铁路车站站点设置对县域可达性和县域经济发展的影响。研究结果表明，铁路车站站点的设置显著提升了县域可达性水平，能够给县域带来显著的经济效应。

第 5 章

区域协调发展评价指标体系

为了提高评价指标体系的科学化，本章在构建评价指标体系时，采用主成分分析和关联性研究对主要评价指标进行量化遴选，并从经济、社会、生态环境和公共服务等多个维度加以深入分析选取评价指标，以更全面地考虑生态环境和公共服务，避免单一因素的偏见，从而构建出更加完善的评价指标。与同类型的指标体系相比，增加了对生态环境和公共服务的考虑，避免了考虑经济等单一因素的片面性，增加构建了较为完善的指标体系。

5.1 指标体系构建原则和构建过程

5.1.1 指标体系构建原则

一般情况下，初始构建的评价指标集不一定是最为科学、最为合理和最为必要的，可能会存在一些重复指标和多余指标，抑或是关联度高的指标，因而需要对原始指标进行筛选，得到最为简洁且适用的评价指标体系。筛选评价指标并非依靠研究者个人的主观臆断随意进行，而是需要遵循一系列的指标筛选原则，选择适合的指标筛选方法。本书为了使指标的建立科学全面，更好地对问题进行评价，在统计指标理论的指导下，结合区域协调发展的内涵，选取指标的原则如下。

1. 科学合理性原则

科学性原则是任何一套评价指标体系都必须遵循的基本原则。失去这一原则的评价指标体系也就没有任何意义和价值。指标的选取符合研究对象的客观规律，以及指标本身存在的科学合理性。指标不仅要清晰，还要反映研究对象的内涵，以便在测度发展水平时能够有所依据。科学性原则要求构建的区域协调发展评价指标体系既能够客观反映出区域协调发展的真实样态，又能提升区域协调发展的质量，还能够为构建科学有效的区域协调发展提供参照标准。科学性原则还具体表现在评价指标及权重系数的量化上，同时要求评价指标体系既相互独立又相互联系，有一定的逻辑关系。要遵循统计学的资料分类要求，上下级指标具有一致性，同一层次的指标及其关系内涵不能相同，外延不交叉，使整个评价指标构成一个完整和科学的逻辑系统。

2. 相对独立性原则

相对独立性是指各指标间相互独立，没有相互包含关系，从不同角度、不同方面反映评价对象的实际情况，避免指标体系过于复杂对后续的分析造成影响，指标的交叉和重叠可能造成信息的交叉和冗杂，影响分析的准确性。

在构建评价指标体系时，应该尽可能的保持评价指标间的独立，以防止重复和反复利用已有的信息带来的不良影响，从而确保评价结果的有效性和准确性。各项评价指标的相对独立性，即各个指标之间需相互独立、相互区别、不相重叠。因此，在构建区域协调发展评价指标集时，每一个评价指标所反映的具体评价内容都应当是不同的。

3. 可操作性和易获取性原则

评价过程是一个复杂的系统，难以面面俱到，有些指标所需要的数据难以获得或者不易测量，因此指标体系要有一定的可操作性和易获取性，能够方便数据的收集和整理。操作性是将某种理念、思想等付诸实践的可能性和现实性，要求评价指标要具备实践性，所设计的指标数据要在实际工作数据中进行选取，取得的数据要具备可塑性。可操作性是衡量评价指标体系的重要标准，要求指标的设计概念明确和定义清楚，数据收集简单易操作，指标要能真正反映出区域协调发展应该达到的真实水平，且统计数据和相关资料的获取较易。易获取性是指选择指标时要考虑指标是否容易获取，首先要考虑数据的收集和处理是否方便，其次考虑指标量化和计算是否方便，这是决定是否有效评价综合发展水平的重要一点。

评价指标具有可操作性是开展绩效评价的基础，理论上，如果指标无法在实践中应用，再好的评价指标也毫无意义。因此，制定和选取部门整体支出绩效评价指标时，一定要确保指标具有可测量性，较易获得指标数据或获取指标数据资料的成本在可接受范围内。另外，对于一些定性的评估指标尽量转换为可以量化或者可以描述的指标，将其"概念化"便于观察、测量和评价。

4. 动态性原则

研究对象是一个动态的过程，指标的选取不仅要能够静态地反映考核对象的发展现状，还要动态地考察其发展潜力。选取的指标具有动态性，可以衡量同一指标在不同阶段的变化情况，并且要求所选取的指标在较长的时间具有实际意义。对于区域协调发展评价，随着具体评价对象的不同和发展变化，评价指标体系不可能保持一成不变。一般情况下，评价指标体系需要根据具体实践的发展不断改进与完善，以确保评价指标体系的合理性与适用性。同理，本书构建的评价指标体系也应随着区域协调发展实践的发展，需要通过一定时间尺度的指标才能反映出来。因此，指标的选择要充分考虑动态的变化，应该收集若干年度的变化数值，不断对其进行完善和修正，呈现出动态发展的特征。

5. 综合性原则

"双赢"是区域协调发展的最终目标，也是综合评价的重点。指标体系的建立过程是运用系统思想分析问题的过程。在综合评价过程中，评价指标多、存在重复性，会产生相互干扰。评价指标过少，所选指标会缺乏代表性，产生片面性。指标体系中的每个指标都能充分反映研究对象的整体性能和本质特征，指标整体评价功能应大于各分指标的总和，因此要保证指标体系的完整性和全面性。指标全面性要求从各个方面、多个角度选择指标，以避免后续综合评价中可能出现的片面性。在相应的评价层次上，指标体系应结构合理、层次清楚、协调一致、相互关联并保证评价的系统性，全面考虑影响环境、经济、社会系统的诸多因素，并进行综合分析和评价。

5.1.2 指标体系构建过程

区域协调发展会受到各种因素的综合影响，只有在对这些因素进行充分分析和准确识别的基础上，才能系统性地对区域协调发展效果进行科学的评价，才能有针对性地对影响区域协调发展的各种因素进行宏观调控，进而准确识别区域协调发展的关键路径和核心要素，进一步推动区域协调发展向纵深发展。基于当前相关评价指标体系繁多，每套评价体系的建立均有自己严格的科学依据与考量，为识别区域协调发展的关键要素，采用文献研究法与比较分析法，以及定性与量化分析法开展要素识别。构建区域协调发展的指标体系的具体思路如下。

第一，指标初选。进行文献检索，对文献进行梳理和分析，收集学者们在文献中提出的指标作为参考和理论支撑，可作为区域协调发展评价指标体系构建的第一步。

第二，建立区域协调发展评价指标库。结合"区域协调发展"理念，结合党的二十大报告中对区域协调发展的要求，参照区域协调发展相关文章中构建的指标体系，初步确定区域协调发展子体系。

第三，构建区域协调发展评价指标体系。为确保指标体系的建立符合指标建立的原则，采用主成分分析和相关性分析，结合实际数据对初步筛选的指标进行实证筛选。

第四，对标分析。为保证指标体系数据的可及性，对统计年鉴、国民经济和社会发展统计公报等公共数据进行对比，及时消除缺失数据，确保真实性。

指标体系建立流程如图 5 - 1 所示。

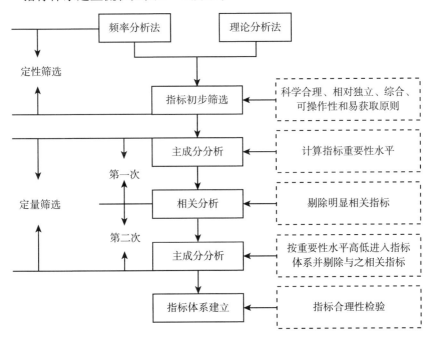

图 5 - 1　指标体系建立流程

　　定量筛选包括两部分过程，第一步，所有初步筛选指标通过主成分分析计算方差贡献率，得出重要性水平；进行相关分析，目的是明确各指标之间的相关关系，保证筛选后的指标之间不具有明显的相关性。第一个过程是将重要性水平最大的指标和与之相关的指标剔除。第二步，对剩余指标再次进行主成分分析，依据重要性水平和相关性依次进入评价指标体系。经过这样一系列过程，既能避免指标之间存在的信息重复和冗余，又能保证指标体系的综合全面性，筛选出既精简又能体现大部分信息的指标。

5.2　区域协调发展指标体系指标构建方法

　　近年来，区域协调发展水平综合评估已经成为学术界和社会实践研究的一个热点话题，但是现在还未形成统一的评估指标体系，各位研究学者的指标体系各有差异，如何选取和设计评价指标是客观科学评估区域协调发展水平的重要过程（刘义龙，2023）。本书首先运用指数分解法、文献分析法、归纳总结法等方法筛选出区域协调发展评价指标体系的目标层和准则层的关键要素和具体指标，并在此基础上建立区域协调发展评价指标体系的筛选指标库。下一步，为确保所筛选出来的指标库的"有效性"，在已经建立的指标库的基础上，运用主成分分析和相关分析对指标库指标再次进行甄选，采用层次分析法和熵值法组合赋权测算指标权重，最后按指标体系构建原则要求，确定最终的评价指标体系。

5.2.1　主成分分析的基本模型

主成分分析是一种有效的降维技术，它可以将复杂的指标转换为更加简洁、综合的指标。经过主成分分析，剩余指标不仅达到了精简的目的，而且使剩余指标保留了原有多个指标的大部分信息，可以有效减少信息的流失。

主成分分析是一种将多个数据矩阵指标线性组合在一起形成综合指标的方法，它可以帮助更好地理解和预测未来的趋势和发展方向，其模型如下：

$$Y_j = a_{j1}X_1 + a_{j2}X_2 + \cdots + a_{jp}X_p = (a_{j1}, a_{j2}, \cdots, a_{jp})(X_1, X_2, \cdots, X_p)^T$$

$$\sum_{k=1}^{p} a_{jk} = 1, j = 1, 2, \cdots, p \qquad (5-1)$$

其中，a_{jk} 为 X_k 的系数；Y_1、Y_2、$\cdots$、Y_p 之间互不相关，且 Y_1 为方差最大的第一个主成分，Y_2 为方差最大的第二个主成分，依次类推。

主成分分析的具体步骤如下。

（1）计算样本指标的相关系数矩阵 $R_{p \times p}$，算式如下：

$$R = \begin{bmatrix} 1 & r_{12} & \cdots & r_{1p} \\ r_{21} & 1 & \cdots & r_{2p} \\ \vdots & \vdots & \ddots & \vdots \\ r_{p1} & r_{p2} & \cdots & 1 \end{bmatrix} \qquad (5-2)$$

（2）计算特征值 $\lambda_i (i = 1, 2, \cdots, p)$ 与特征向量 $e_i (i = 1, 2, \cdots, p)$。

（3）计算主成分的贡献率。λ_j 为第 j 个主成分 Y_j 揭示的原始指标数据的总方差，Y_j 对原始指标数据方差的贡献率 ω_j 为：

$$\omega_j = \lambda_j \Big/ \sum_{j=1}^{p} \lambda_j \qquad (5-3)$$

计算累计贡献率：

$$\alpha_p = \sum_{i=1}^{i} \lambda_j \Big/ \sum_{i=1}^{p} \lambda_j, (i = 1,2,\cdots,p) \qquad (5-4)$$

一般来说，会选择累计贡献率在 85% ~ 95% 之间的特征值作为衡量标准，以便更好地反映实际情况。

（4）计算各指标在主成分上的载荷。第 i 个指标在第 j 个主成分上的因子载荷矩阵如下：

$$a_{ij} = b_{ij} \Big/ \sqrt{\lambda_j} \qquad (5-5)$$

（5）对选择的主成分进行合理解释。

5.2.2　相关分析的基本模型

相关系数的绝对值代表了指标之间的相关性程度。为了简化目标，避免指标信息重复，剔除了相关系数大的指标。

（1）计算价指标之间的相关系数。相关系数计算公式如下：

$$r_{ij} = \frac{\sum_{k=1}^{n} (Z_{ki} - \bar{Z}_i)(Z_{kj} - \bar{Z}_j)}{\sqrt{\sum_{k=1}^{n} (Z_{ki} - \bar{Z}_i)^2} \sqrt{\sum_{k=1}^{n} (Z_{kj} - \bar{Z}_j)^2}} \qquad (5-6)$$

其中，Z_{ki} 为第 k 个评价对象的第 i 个指标的值，$\bar{Z}_i$ 为第 i 个指标的平均值。

（2）设定一个阈值 $M(0 < M < 1)$，如果 $|r_{ij}| > M$，则删除重要性较小的评价指标；如果 $|r_{ij}| < M$，两者则都被保留。

在主成分分析和相关分析的过程中，需要对比统计年鉴等公开数据及时剔除数据不完整的指标，通过主成分分析和相关分析对指标进行定量筛选，基本达到了简化指标体系、保留大部分信息的目的，但仍需判断指标体系的合理性。

5.2.3 指标体系合理性判定

通过使用因子分析的数据方差可以建立一个合理的指标体系。这个体系由最终指标矩阵 A_f 和原始初选指标矩阵 A_p 组成，而协方差矩阵的迹则分别用 trA_f 和 trA_p 来表示，f 和 p 分别表示最终指标体系中的指标个数和原始初选指标个数。构成指标体系指标对原始初步筛选指标的信息贡献率为：

$$I_n = \frac{tr\ (A_f)}{tr\ (A_p)} \qquad\qquad (5-7)$$

式（5-7）的意义为筛选后指标的方差之和与原一级选择指标的方差之和之比，表示最终指标对原始初选指标反映的信息程度。当30%以下的指标能反映原始初步选取指标信息的90%以上时，指标体系的合理性就能得到保证。

5.3 区域协调发展评价指标体系指标构建

5.3.1 构建区域协调发展水平评价指标库

区域协调发展是一个相对复杂的概念。为更好地评价区域协调发展水平，指标体系的构建应在一定原则指导下进行。虽然目前一些区域协调发展指标体系的研究较为丰富，但是指标建立缺乏定量的科学性。在大部分现有文献中，指标体系建立多采取主观选取方法，通过阅读大量的相关文献，借鉴并整合成自己的指标体系。

区域协调发展是复杂系统，因此区域协调发展的评价指标体系也非常庞大。国内外各地区因其自身特点及各方面属性的不同，因而在评价指标设计的层次结构与分类标准都存在明显的不同。本书通过前述章节的文献整理、对比分析，特别是国内外主要评价体系的框架要素、指标内容的对比分析，在遵循指标体系构建原则的基础上，充分考虑数据的可用性，按照所选指标需依据的可获得性、代表性、权威性、比较性等原则，特别是可获得性原则，根据区域协调发展要素划分，结合专家给出的建议，综合区域协调发展指标体系在指标设计和选择上与区域协调发展要求密切相关的指标要素，选取相对较少且具有代表性的指标构建综合评价指标体系。

基于区域协调发展评价指标体系构建原则，并结合河北省实际情况，从经济、社会、生态环境和公共服务四个要素出发选取指标（李紫萱，2022）。在经济方面，河北省各地市经济规模和经济结构差距显著。首先是经济规模，唐山市和石家庄市生产总值和人均 GDP 均明显高于其他城市；其次是经济结构，由于第三产业 GDP 比重在一定程度上反映区域经济的发展水平，因此选择社会消费品零售总额、一般公共预算收入、进出口总额、一般公共预算支出、城镇居民人均可支配收入、农村居民人均可支配收入、城市登记失业率、第三产业增加值占 GDP 比重、GDP 增长率反映经济发展水平。结合已有研究，共选择 7 项指标来反映河北省社会发展水平，分别为反映区域均衡发展和城乡一体化情况指标（城乡居民收入比）、反映一个区域城镇人口占总人口的比重（城市化率）、反映社会保障（职工基本养老保险参保人数）、反映教育的指标（人均财政教育支出和教育经费占 GDP 比重）、反映区域的人口数量（人口密度）、反映一个时期内城市经济发展和城市居民生活福利保健水平的指标（公园绿地面积）。在生态环境方面，从环境污染水平和环境治理水平两方面选取指标，其中环境污染水平包括三项指标，也是反映工业废气排放的指标：工业二氧化硫排放量、工业氮氧化物排放量和污水处理厂集中处理率；环境治理水平包括三项指标，分别为水资源总量、建成区绿化覆盖率和生活垃圾无害化处理率指标。在公共服务方面，选择医疗资源的指标（医院数）、人口在文化素质方面差异的指标（普通中学学校数和在校大学生数），社会信息化程度指标（互联网用户数）、文化方面的指标（公共图书馆藏书量）、城市建设的指标（城市用水普及率、人均城市道路面积和城镇职工基本医疗保险参保人数）反映河北省公共服务状况。综上所述，本章结合指标选取的一般原则及河北省区域协调发展现状，所构建的区域协调发展评价指标库如表 5-1 所示。

表 5 – 1　　　　　　　　　　区域协调发展初步筛选指标库

一级指标	二级指标
经济子系统	社会消费品零售总额（亿元）、一般公共预算收入（亿元）、进出口总额（亿元）、一般公共预算支出（亿元）、城镇居民人均可支配收入（元）、农村居民人均可支配收入（元）、城市登记失业率（%）、第三产业增加值占 GDP 比重（%）、GDP 增长率（%）
社会子系统	城乡居民收入比（–）、城市化率（%）、人均财政教育支出（元）、职工基本养老保险参保人数（万人）、教育经费占 GDP 比重（%）、人口密度（人/平方公里）、公园绿地面积（公顷）
生态环境子系统	污水处理厂集中处理率（%）、工业氮氧化物排放量（吨）、水资源总量（亿立方米）、工业二氧化硫排放量（吨）、人均公园绿地面积（平方米）、建成区绿化覆盖率（%）
公共服务子系统	人均城市道路面积（平方米）、城市用水普及率（%）、城市燃气普及率（%）、互联网用户数（万户）、医院数（个）、城镇职工基本医疗保险参保人数（万人）、在校大学生数（人）、普通中学学校数（所）、公共图书馆藏书量（万册）

5.3.2　经济子系统指标构建

以经济子系统指标为例，简要说明指标的实证筛选过程。经济子系统的初步筛选指标为表 5 – 1 中的 9 个指标。

1. 初次主成分分析

对初步筛选的指标进行主成分分析，由主成分分析得到的方差贡献率和载荷系数绝对值计算重要程度。经济子系统各指标的主成分分析如表 5 – 2 所示。

对初步筛选的指标进行主成分分析，由主成分分析得到的方差贡献率和载荷系数绝对值计算重要程度。

重要性水平 $= |L_1| \times Cont_1 + |L_2| \times Cont_2 + |L_3| \times Cont_3 + \cdots + |L_n| \times Cont_n$

其中，$L_n(n = 1, 2, \cdots, n)$ 表示指标 X_n 的载荷系数；$Cont_n(n = 1, 2, \cdots, n)$ 表示各主成分的方差贡献率。

例如，指标 X1 社会消费品零售总额的重要性水平

$$= |0.932| \times \mathrm{Cont}_1 + |0.099| \times \mathrm{Cont}_2 + |-0.165| \times \mathrm{Cont}_3 + |0.19| \times \mathrm{Cont}_4 + |0.157| \times \mathrm{Cont}_5 + |0.159| \times \mathrm{Cont}_6 + |0.054| \times \mathrm{Cont}_7 + |0.057| \times \mathrm{Cont}_8 + |-0.036| \times \mathrm{Cont}_9$$

表 5 – 2　　　　区域经济子系统指标初次主成分分析结果

指标	Cont$_1$	Cont$_2$	Cont$_3$	Cont$_4$	Cont$_5$	Cont$_6$	Cont$_7$	Cont$_8$	Cont$_9$	重要性水平
方差贡献率	0.5259	0.2329	0.1197	0.0777	0.0258	0.0081	0.0052	0.0044	0.0004	
X1 社会消费品零售总额（亿元）	0.932	0.099	– 0.165	0.19	0.157	0.159	0.054	0.057	– 0.036	0.5536
X2 一般公共预算收入（亿元）	0.886	0.435	0.078	0.046	0.072	0.092	– 0.029	– 0.016	0.058	0.5830
X3 进出口总额（亿元）	0.75	0.392	0.22	0.185	0.446	0.033	0.023	0.009	0.001	0.5384
X4 一般公共预算支出（亿元）	0.947	– 0.02	– 0.091	0.066	– 0.182	– 0.236	0.022	– 0.002	– 0.01	0.5254
X5 城镇居民人均可支配收入（元）	0.316	0.906	0.193	0.048	0.095	0.032	– 0.041	0.168	– 0.001	0.4077
X6 农村居民人均可支配收入（元）	0.494	0.807	– 0.14	– 0.022	0.071	– 0.005	0.281	– 0.002	– 0.002	0.4695
X7 城市登记失业率（%）	0.077	– 0.95	– 0.262	0.025	0.002	0	0.074	0.131	– 0.006	0.2961
X8 第三产业增加值占 GDP 比重（%）	– 0.06	0.202	0.976	0.044	0.03	0.003	– 0.012	0	0.002	0.1997
X9 GDP 增长率（%）	0.161	– 0.007	0.042	0.986	0.026	0.002	0	0.003	0	0.1686

由表 5 - 2 结果分析，得知初选指标体系中各指标的重要性水平均不接近于零，因此可全部保留至下一步骤，同时也证明了指标的科学合理性，确保了指标选取的科学合理原则。

2. 相关分析

对指标进行相关分析，得到相关系数矩阵表。这里选取的判断指标之间相关性的标准为 0.3，以"1"表示指标之间存在相关关系，"0"表示指标之间无相关关系，最终结果如表 5 - 3 所示。

表 5 - 3　　　　　　　　　相关分析矩阵

相关关系矩阵	X1	X2	X3	X4	X5	X6	X7	X8	X9
X1		1	1	1	0	1	0	0	0
X2	1		1	1	1	1	0	0	0
X3	1	1		0	1	1	0	0	0
X4	1	1	0		0	1	0	0	0
X5	0	1	1	0		1	1	0	0
X6	1	1	1	1	1		0	0	0
X7	0	0	0	0	1	0		0	0
X8	0	0	0	0	0	0	0		0
X9	0	0	0	0	0	0	0	0	

根据表 5 - 2 和表 5 - 3，第三产业增加值占 GDP 比重（X8）和 GDP 增长率（X9）与其他指标没有直接关联，因此可以将它们纳入最终的指标体系，并对剩余指标进行主成分分析，以更好地评估经济发展的趋势和变化情况。

3. 再次主成分分析

经过主成分分析，表 5 - 4 显示了剩余指标的变化情况，具体结果如下：重要性水平最高的指标为城市登记失业率（X7）。以重要性水平为选择依据，选取重要性水平高的指标进入最终指标体系，并剔除与该指标相关的其他指标，重复此步骤。因此，将城市登记失业率作为最终指标，并将城镇居民人均可支配收入（X5）删除；将农村居民人均可支配收入

（X6）作为最终指标，并将与之相关的经济社会生活消费品零售总额（X1）、基本公共预算总收入（X2）、对外进出口金额（X3）和一般公共预算支出（X4）删除，以确保指标的准确度和可信度。

到目前为止，经济子系统指标的重要性已经得到了明确的证实：农村居民人均可支配收入（X6）、大中城市人员登记平均人口失业率（X7）以及第三产业增加值占 GDP 比例（X8）和 GDP 增长率（X9）组成。

表 5 – 4   再次主成分分析结果

指标	Cont_1	Cont_2	Cont_3	Cont_4	Cont_5	Cont_6	Cont_7	重要性水平
方差贡献率	0.6644	0.2548	0.0413	0.0234	0.0084	0.0060	0.0017	
X1 社会消费品零售总额（亿元）	0.025	0.77	0.536	0.228	0.256	0.029	0.028	0.2427
X2 一般公共预算收入（亿元）	0.427	0.735	0.483	0.098	0.092	− 0.003	0.163	0.4943
X3 进出口总额（亿元）	0.37	0.476	0.793	0.083	− 0.021	0.012	− 0.01	0.4021
X4 一般公共预算支出（亿元）	− 0.018	0.978	0.177	0.063	− 0.07	0.023	− 0.042	0.2708
X5 城镇居民人均可支配收入（元）	0.905	0.2	0.313	0.094	0.067	0.173	0.002	0.6690
X6 农村居民人均可支配收入（元）	0.713	0.406	0.241	0.518	0.028	0.009	0.007	0.5995
X7 城市登记失业率（%）	− 0.983	0.116	− 0.069	− 0.005	0.037	0.114	− 0.022	0.6867

5.3.3 社会子系统指标构建

1. 初次主成分分析

社会子系统各指标的主成分分析如表 5 – 5 所示。由表 5 – 5 结果分析，得知初选指标体系中各指标的重要性水平均不接近于零，因此可全部保留至下一步骤，同时也证明了指标的科学合理性，确保了指标选取的科学合理原则。

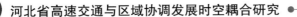

表 5 - 5　　　　　　　区域社会子系统指标初次主成分分析结果

指标	$Cont_1$	$Cont_2$	$Cont_3$	$Cont_4$	$Cont_5$	$Cont_6$	$Cont_7$	重要性水平
方差贡献率	0.5150	0.2333	0.1189	0.0731	0.0344	0.0185	0.0067	
X10 城乡居民收入比（-）	-0.08	-0.675	0.382	0.2	-0.322	0.497	-0.03	0.2792
X11 城市化率（%）	0.448	0.187	0.297	-0.141	0.805	-0.085	0.012	0.3493
X12 人均财政教育支出（元）	-0.023	-0.165	0.964	-0.089	0.177	0.053	0.013	0.1786
X13 职工基本养老保险参保人数（万人）	0.863	0.165	0.091	-0.265	0.244	-0.129	0.271	0.5258
X14 教育经费占 GDP 比重（%）	-0.337	-0.351	-0.114	0.855	-0.127	0.059	-0.012	0.3370
X15 人口密度（人/平方公里）	0.217	0.932	-0.108	-0.257	0.077	0.001	0.002	0.3635
X16 公园绿地面积（公顷）	0.932	0.153	-0.118	-0.167	0.183	0.052	-0.175	0.5504

2. 相关分析

社会子系统各指标相关关系最终结果如表 5 - 6 所示。根据表 5 - 5 和表 5 - 6，城乡居民收入比（X10）和人均财政教育支出（X12）与其他指数没有直接关联，因此可以直接将它们纳入最终的指标体系，并对其余指数采用主成分分析，以确定它们之间的关联性。

表 5 - 6　　　　　　　区域社会子系统指标相关分析矩阵

相关关系矩阵	X10	X11	X12	X13	X14	X15	X16
X10 城乡居民收入比		0	0	0	0	0	0
X11 城市化率（%）	0		0	1	0	0	0
X12 人均财政教育支出（元）	0	0		0	0	0	0
X13 职工基本养老保险参保人数（万人）	0	1	0		0	0	1
X14 教育经费占 GDP 比重（%）	0	0	0	0		1	0
X15 人口密度（人/平方公里）	0	0	0	0	1		0
X16 公园绿地面积（公顷）	0	0	0	1	0	0	

3. 再次主成分分析

通过对剩余指标的主成分分析，表 5 - 7 显示出了令人满意的结果：重要性水平最高的指标为公园绿地面积（X16）。以重要性水平为选择依据，选取重要性水平高的指标进入最终指标体系，并剔除与该指标相关的其他指标，重复此步骤。因此公园绿地面积（X16）进入最终指标体系，删除与之相关的职工基本养老保险参保人数（X13）；城市化率（X11）进入最终指标体系，删除与之相关的职工基本养老保险参保人数（X13）；教育经费占 GDP 比重（X14）进入最终指标体系，删除与之相关的人口密度（X15）。

表 5 - 7　　　　　　　区域社会子系统指标再次主成分分析结果

指标	Cont₁	Cont₂	Cont₃	Cont₄	Cont₅	重要性水平
方差贡献率	0.6479	0.1668	0.0898	0.0724	0.0232	
X11 城市化率（%）	0.306	0.922	0.128	0.185	0.073	0.3786
X13 职工基本养老保险参保人数（万人）	0.719	0.392	0.152	0.316	0.454	0.5782
X14 教育经费占 GDP 比重（%）	- 0.255	- 0.206	- 0.328	- 0.883	- 0.076	0.2947
X15 人口密度（人/平方公里）	0.173	0.121	0.939	0.269	0.041	0.2370
X16 公园绿地面积（公顷）	0.932	0.251	0.184	0.187	- 0.006	0.6759

至此，社会子系统指标最终由城乡居民收入比（X10）、城市化率（X11）、人均财政教育支出（X12）、教育经费占 GDP 比重（X14）、公园绿地面积（X16）构成。

5.3.4　生态环境子系统指标构建

1. 初次主成分分析

生态环境子系统各指标的主成分分析如表 5 - 8 所示。由表 5 - 8 结果分析，得知初选指标体系中各指标的重要性水平均不接近于零，因此可全部保留至下一步骤，同时也证明了指标的科学合理性，确保了指标选取的科学合理原则。

表 5 – 8　　　　　　区域生态环境子系统指标初次主成分分析结果

指标	$Cont_1$	$Cont_2$	$Cont_3$	$Cont_4$	$Cont_5$	$Cont_6$	重要性水平
方差贡献率	0.4541	0.2951	0.1471	0.0709	0.0298	0.0031	
X17 工业二氧化硫排放量	0.96	0.109	0.184	0.05	0.147	0.096	0.5033
X18 工业氮氧化物排放量	0.958	0.122	0.215	-0.005	0.109	-0.097	0.5065
X19 污水处理厂集中处理率	0.181	0.922	-0.137	-0.254	0.183	0	0.3979
X20 水资源总量	0.303	-0.127	0.941	-0.075	0.033	0	0.3198
X21 建成区绿化覆盖率	0.074	-0.28	-0.09	0.886	-0.35	0.002	0.2027
X22 生活垃圾无害化处理率	0.223	0.197	0.036	-0.352	0.887	0.001	0.2161

2. 相关分析

生态环境子系统各指标相关关系最终结果如表 5 – 9 所示。根据表 5 – 8 和表 5 – 9 的数据，城市污水处理厂集中处理率（X19）、建成区绿化覆盖率（X21）、生活垃圾无害化处理率（X22）与其他指标没有直接关联，因此可以将它们纳入最终的指标体系，并对剩余指标进行主成分分析，以确定它们之间的关系。

表 5 – 9　　　　　　区域生态环境子系统指标相关分析矩阵

相关关系矩阵	X17	X18	X19	X20	X21	X22
X17 工业二氧化硫排放量		1	0	0	0	0
X18 工业氮氧化物排放量	1		0	1	0	0
X19 污水处理厂集中处理率	0	0		0	0	0
X20 水资源总量	0	1	0		0	0
X21 建成区绿化覆盖率	0	0	0	0		0
X22 生活垃圾无害化处理率	0	0	0	0	0	

3. 再次主成分分析

经过主成分分析，表 5 – 10 显示了其他指标的变化情况。以重要性水平作为选择依据，将重要性水平较高的指标纳入最终指标体系，并剔除与该指标相关的其他指标，重复此步骤，从表 5 – 10 可以看出，工业二氧化硫排放和工业氮氧化物排放的重要性水平最高。根据表5-9，二者存在相关关系，因此选取工业二氧化硫排放量（X17）进入最终评价指标体系，删除与之相关的工业氮氧化物排放量（X18）；水资源总量（X20）进入最终指标体系，删除与之相关的工业氮氧化物排放量（X18）。

经过一系列技术指标的评估，最终确定了生态环境子系统的技术指标，其中工业二氧化硫排放量（X17）、城市污水处理厂集中处理率（X19）、水资源总量（X20）、建成区绿化覆盖率（X21）及生活垃圾无害化处理率（X22）构成。

表5-10　　　区域生态环境子系统指标再次主成分分析结果

指标	Cont₁	Cont₂	Cont₃	重要性水平
方差贡献率	0.7702	0.2229	0.0069	
X17 工业二氧化硫排放量	0.969	0.225	-0.098	0.797
X18 工业氮氧化物排放量	0.96	0.259	0.107	0.797
X20 水资源总量	0.24	0.971	0.002	0.4012

5.3.5　公共服务子系统指标构建

1. 初次主成分分析

公共服务子系统各指标的主成分分析如表5-11所示。由表5-11结果分析，得知初选指标体系中各指标的重要性水平均不接近于零，因此可全部保留至下一步骤，同时也证明了指标的科学合理性，确保了指标选取的科学合理原则。

表5-11　　　区域公共服务子系统指标初次主成分分析结果

指标	Cont₁	Cont₂	Cont₃	Cont₄	Cont₅	Cont₆	Cont₇	Cont₈	重要性水平
方差贡献率	0.5864	0.1670	0.1020	0.0740	0.0390	0.0204	0.0080	0.0032	
X23 医院数	0.957	0.165	0.115	0.061	0.133	0.096	-0.115	0	0.6130
X24 普通中学学校数	0.855	0.272	0.153	0.08	0.332	0.069	0.222	-0.035	0.5846

续表

指标	Cont$_1$	Cont$_2$	Cont$_3$	Cont$_4$	Cont$_5$	Cont$_6$	Cont$_7$	Cont$_8$	重要性水平
X25 互联网用户数	0.663	0.653	0.123	0.011	0.228	0.162	−0.044	0.198	0.5244
X26 在校大学生数	0.203	0.937	0.073	−0.144	0.223	0.065	0.023	−0.035	0.3040
X27 公共图书馆藏书量	0.38	0.591	0.097	−0.085	0.414	0.564	0.005	0.011	0.3654
X28 城市用水普及率	0.149	0.082	0.981	0.082	0.033	0.029	0.004	0.004	0.2091
X29 人均城市道路面积	0.076	−0.106	0.081	0.987	−0.034	−0.021	0.002	0	0.1454
X30 城镇职工基本医疗保险参保人数	0.421	0.43	0.037	−0.06	0.784	0.137	0.006	0.01	0.3603

2. 相关分析

公共服务子系统各指标相关关系最终结果如表 5 – 12 所示。根据表 5 – 11 和表 5 – 12，城市用水普及率（X28）和人均城市道路面积（X29）与其他指标没有直接关联，因此可以将它们纳入最终的指标体系，并对剩余指标进行主成分分析，以更好地评估城市发展水平。

表 5 – 12　　　　区域公共服务子系统指标相关分析矩阵

相关关系矩阵	X23	X24	X25	X26	X27	X28	X29	X30
X23 医院数		1	1	0	1	0	0	1
X24 普通中学学校数	1		1	1	1	0	0	1
X25 互联网用户数	1	1		1	1	0	0	1
X26 在校大学生数	0	1	1		1	0	0	1
X27 公共图书馆藏书量	1	1	1	1		0	0	1
X28 城市用水普及率	0	0	0	0	0		0	0
X29 人均城市道路面积	0	0	0	0	0	0		0
X30 城镇职工基本医疗保险参保人数	1	1	1	1	1	0	0	

3. 再次主成分分析

对剩余指标再次进行主成分分析，结果如表 5 – 13 所示，可知重要性水平最高的指标为医院数（X23）。以重要性水平为选择依据，选取重要性水平高的指标进入最终指标体系，并剔除与该指标相关的其他指标，重复此步骤。因此，医院数（X23）进入最终指标体系，删除与之相关的普通中学学校数（X24）、互联网用户数（X25）、公共图书馆藏书量（X27）、城镇职工基本医疗保险参保人数（X30）；在校大学生数（X26）进入最终指标体系，与之相关的指标已被删除。

至此，社会子系统指标最终由医院数（X23）、在校大学生数（X26）、城市用水普及率（X28）和人均城市道路面积（X29）构成。

表 5 – 13　　　　　　区域公共服务子系统指标再次主成分分析结果

指标	Cont$_1$	Cont$_2$	Cont$_3$	Cont$_4$	Cont$_5$	Cont$_6$	重要性水平
方差贡献率	0.7658	0.1381	0.0530	0.0272	0.0111	0.0049	
X23 医院数	0.952	0.149	0.174	0.169	– 0.108	0.024	0.7647
X24 普通中学学校数	0.849	0.246	0.368	0.164	0.237	– 0.018	0.7108
X25 互联网用户数	0.643	0.611	0.268	0.292	– 0.019	0.234	0.6003
X26 在校大学生数	0.172	0.923	0.269	0.211	0.025	– 0.009	0.2795
X27 公共图书馆藏书量	0.33	0.506	0.41	0.682	0.017	0.024	0.3632
X30 城镇职工基本医疗保险参保人数	0.368	0.374	0.808	0.266	0.015	0.027	0.3838

5.4　区域协调发展指标体系

5.4.1　基本指标解释

1. 城乡居民收入比

城乡居民收入比是衡量城乡收入差距的一个重要指标，通常通过比较城市人口和农村人口的平均生活水平来反映。城乡居民收入的比率 = 城市居民收入/农村居民收入。

2. 建成区绿化覆盖率

园林绿化覆盖面是指城市建成区内园林绿化建筑面积占总量的比例。建成区绿地率与建成区绿化覆盖率都是衡量建成区绿化状况的经济技术指标，建成区市绿地率不等同于建成区绿化覆盖率。建成区绿地率描述的是居住区用地范围内各类绿地的总和与居住区用地的比率（％）。建成区绿化覆盖率的基本计算公式在形式上与绿地率的计算公式是一样的，但两者的具体技术指标是不相同的。

3. 污水集中处理率

城市污水处理率是衡量城市污水处理效率的重要指标，它反映了城市污水处理设施的完善程度，以及二类及上述污水处理厂加工的城市污水符合排放量要求的比例和城乡建设区污水排放数量。污水处理率可以通过计算城市生活污水处理量与排放总量之比来衡量，计算公式为：

污水集中处理率＝（城市生活污水处理量／城市生活污水排放总量）×100%

5.4.2　区域协调发展评价指标体系

结合上述主成分分析和相关分析，对社会子系统、生态环境子系统和公共服务子系统的最终指标进行筛选。最终的区域协调发展指标体系如表5-14所示。

1. 经济子系统指标

经济发展质量不再单纯地以经济总量为重点，而是更加注重和关心国家或地区经济的综合发展情况。根据这个信息，可以用农村居民人均可支配收入来衡量生活水平的变化。通过城市登记失业率，可以了解就业和经济情况。三次产业增加值占 GDP 比率可以反映三次工业的发展，GDP 增长率则可以反映经济增长的速度。

2. 社会子系统

社会子系统的构成要素较为多样和复杂，更具有整体性。社会是人和环境形成的关系的总和，一般会将经济也同时包括在内。为了避免争议，这里提到的社会子系统，是从人民生活、教育、社会保障等方面来体现社会发展的。因此，在社会子系统中，选取城乡收入居民收入比反映城乡居民生活水平；人均财政教育支出反映教育情况；城市化率反映城镇化水平，公园绿地面积展示居民生活质量。

3. 生态环境子系统

生态环境在区域协调发展中占有重要地位，是因为生态环境制约着经济发展。本书从环境状况和环境保护入手选取指标。建成区绿化覆盖率和水资源总量是衡量生态环境状况的指标。工业排放的二氧化硫水平可以反映当地的环境情况，而城市污水处理厂的集中处理率和日常生活废水的无害化处理率也是重要指标。

4. 公共服务子系统

公共服务子系统同社会子系统一样，是复杂和全面的概念。从多样性角度来考虑，教育、文化和基础设施都可以纳入公共服务的范畴。因此，基础设施水平通过城市用水普及率来衡量；选取医院数来反映医疗卫生的发展程度；选取大学生数衡量教育发展情况。

表 5 - 14　　　　　　　　　区域协调发展评价指标体系

目标层	一级指标	二级指标
区域协调发展指标体系	经济子系统	农村居民人均可支配收入
		城市登记失业率
		第三产业增加值占 GDP 比重
		GDP 增长率
	社会子系统	城乡居民收入比
		城市化率
		人均财政教育支出
		教育经费占 GDP 比重
		公园绿地面积

续表

目标层	一级指标	二级指标
区域协调发展指标体系	生态环境子系统	建成区绿化覆盖率
		工业二氧化硫排放量
		污水处理厂集中处理率
		生活垃圾无害化处理率
		水资源总量
	公共服务子系统	人均城市道路面积
		城市用水普及率
		医院数量
		在校大学生数

5.5 本章小结

　　本章对区域协调发展评价指标体系建立过程进行了较为详细的描述。首先确定了指标体系建立依据的原则，结合指标构建的原则和河北省区域协调发展现状，以阅读相关文献的方式对指标进行了初步筛选，从经济、社会、生态环境和公共服务四个要素出发构建了区域协调发展评价指标库。其次为了保证区域协调发展评价指标体系建立的科学性和全面性，在评价指标库的基础上，使用主成分—相关分析模型对指标进行了实证筛选，最终得到了经济、社会、生态环境和公共服务四个层面较为全面和科学的区域协调发展评价指标体系。

第 6 章

高速交通网络评价指标体系
与综合评价模型

探索区域协调发展与高速交通的耦合协调关系，不仅需要建立区域协调发展的指标体系，还需要建立高速交通系统的指标体系。高速公路和高速铁路在综合交通系统中处于主导地位，具有国民经济基础性和公共性，因此本章高速交通以高速公路交通和高速铁路交通为主要研究内容，给出了高速交通系统指标体系的构建结果。本章构建了高速交通的评价指标体系，通过交通规模、交通结构、交通功能三方面评价高速交通的综合发展水平。介绍了综合评价指数测算方法，通过改进层次分析法与熵值法结合，提出了改进版组合赋权模型 AHP – 熵值法。最后给出了测算区域发展和高速交通耦合协调的耦合协调模型。

6.1 高速公路网络评价指标体系

交通运输是国民经济中基础性、先导性、战略性产业和重要服务性行业，是现代化经济体系的重要组成部分，是构建新发展格局的重要支撑，是服务人民美好生活、促进共同富裕的坚实保障。交通运输对人们的日常生活有着重要的影响，尤其与经济有着密切的联系，是社会经济发展的基础。高速交通是在经济高速发展下，为满足经济发展和人们生产生活的需要而采取的一种交通方式。高速交通使运输方式更加快速、便捷和高效，体现了交通科学技术水平的提升和发展。高速交通主要包括高速公路、高铁和航空运输，它们都能够提供迅速、便利的旅行体验，三者各有千秋，在不同方面发挥各自的最优效果。

6.1.1 高速公路对区域协调发展的影响

随着社会经济的快速发展，普通公路低效率和低技术水平的运输状态已无法满足人们生产和生活的需求。高速公路网的构建和完善给人们的生活带来许多便利，也为企业的生产活动打通了快速的原材料供应通道和商品的销售通道。高速公路网络运速快、成本低的运输特点降低了企业的生产和运输成本，提升了企业竞争力，从而达到促进区域经济发展的目的。

1. 高速公路发展现状①

我国高速公路发展分为三个阶段：1988～1992 年为起步阶段，年均高速公路通车里程在 50～250 公里；1993～1998 年为我国高速公路发展高潮阶段，发展速度相对较快，年通车里程保持在 450～1400 公里；1998 年至今为高速公路的大发展时期，国家进一步加大对高速公路建设的投资促使我国高速公路行业建设投资额不断提高，2010～2021 年，我国高速公路建设完成投资额从 6862.2 亿元增长到 15151 亿元，投资增长了 8000 多亿元，高速公路发展态势向好，覆盖全国的系统、全面、高效的高速公路运输网已基本形成。

我国高速公路较高速铁路发展起步早。1988 年，沪嘉高速开通运营，这是我国第一条高速公路；1990 年，沈大高速通车，我国高速公路建设初具规模。1993 年，我国高速公路总里程为 4771 公里，相继建成沈大、京津唐、成渝和济青等一系列具有重要里程碑意义的高速公路。1998 年以后，我国进入高速公路快速发展时期，国家加大对高速公路的投资力度，相继建成京沈、京沪等国家主干道高速公路。2002 年高速公路总里程突破25000 公里，居世界第二位，京津冀、长三角和珠三角地区高速公路网逐

---

① 2022 年交通运输行业发展统计公报［EB/OL］. 交通运输部网站，2023 – 06 – 21.

步形成。2010 年，我国高速公路里程达 7.41 万公里，是 2002 年的 3 倍，充分体现了快速增长时期高速公路的建设速度。截至 2022 年底，我国高速公路通车里程达到 17.7 万公里，年均增长率保持在 7% 以上。依据 2010～2022 年《中国统计年鉴》数据，2010～2022 年全国高速公路里程如图 6－1 所示。

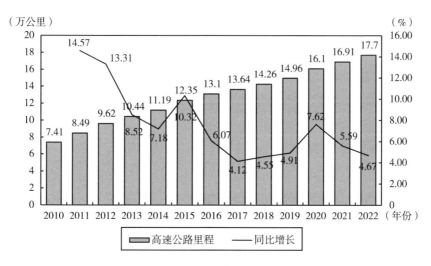

图 6－1　2010～2022 年全国高速公路里程和同比增长

　　根据我国高速公路网规划，我国建设形成了由 7 条首都放射线、11 条南北纵线和 18 条东西横线组成的覆盖全国各区域的高速公路运输网。放射线包括京哈、京沪、京台、京港澳、京昆、京藏和京新等放射全国各区域的 7 条线路。南北纵线包括沈海、长深、济广等具有代表性的线路，东西横线主要包括青兰、沪渝、沪昆、夏蓉等线路。高速公路由于发展起步早，拥有比高速铁路更加完善、系统和全面的覆盖全国各地区的线路网络。目前，我国高速公路网基本覆盖了全国城镇人口 20 万人以上的城市。我国高速公路网采用放射线与纵横网格相结合布局方案，由 7 条首都放射线、11 条南北纵线和 18 条东西横线组成，简称为"71118"网。未来发展保持原高速公路"71118"网规划总体框架基本不变的前提下，补充连接 20 万人以上城镇人口城市、地级行政中心、重要港口和重要国际运输通道；高速公路实现有效连接、提升通道能力、强化区际联系、优化路网衔接和适当增加有效提高路网运输效率的联络线，进而完善国家高速公路网。

河北高速公路是河北省最重要的高速公路交通网络系统。1991年，第一条由河北省自行设计、建设的高速公路京石高速半幅通车，1994年12月全幅通车，河北省交通由此进入了全新的发展阶段。2000年底，继京石高速公路之后，石太、石安、石黄、保津、宣大等多条段高速公路相继建成通车，河北省高速公路通车里程达到1480公里，居全国第二位。为落实加快建设交通强国总体要求，构建安全、便捷、高效、绿色、经济的现代化综合交通运输体系，支撑保障加快建设现代化经济强省、美丽河北，依据《"十四五"现代综合交通运输体系发展规划》，截至2021年5月，雄安新区京雄高速公路河北段、荣乌高速新线、京德高速公路一期工程同期建成通车。至此，连同既有的京港澳、大广、荣乌、津石4条高速共同构成的"四纵三横"雄安新区对外高速公路骨干路网全面形成。三条高速公路通车后，河北高速公路通车里程突破8000公里，达到8042公里。

2. 高速公路对区域空间结构的影响

高速公路具有速度快、成本低和灵活性强的运输特点，是中短途运输中的主要交通通道。我国高速公路运输网络系统已基本完善，路网密度大，分布于我国各个区域。高速公路运输量占据公路运输量的一半以上，加速了资源要素的流通和分配，促进我国地区经济的快速发展。

（1）高速公路对沿线城市节点空间格局的影响。高速公路封闭性较强，在其出入口处交通运输条件便利，吸引资金、信息、人口等要素和产业企业向该地集聚，出入口周边经济极化效应明显，促使新的城镇体系和节点城市在该地迅速成长和发展起来。高速公路出入口地区促进其周边节点城市和节点城市所在的区域中心城市的快速发展，节点城市间经济联系强度提升。在高速公路建设起步阶段，地区间经济联系强度受地理距离的影响较大，普通公路运行效率低、速度慢、成本高，阻隔了地区之间的交流和联系，不利于地区经济的增长。高速公路网络逐渐完善之后，地域间可达性水平提升，城市间阻隔由地理距离逐渐转向时间距离，高速运输通道将沿线节点城市有效地连接起来，缩短了地区间时空距离，促进沿线节点城市间相互作用和联系，同时也带动生产资料在各节点间的自由流动和配置，经济联系度增强，加快沿线节点城市经济发展。受公路封闭性特点的影响，沿线节点城市主要分布在高速公路出入口周边地区，并呈现串联式的布局模式分布在高速公路线路上。

（2）高速公路对沿线狭长地带空间布局的影响。高速公路两侧交通设施水平高、区域中心城市或节点城市分布于高速公路出入口处，吸引了物流业、信息技术产业、新材料等新兴产业向通道两侧集聚，与之相配套的人口、技术、资金要素和相关的社会经济基础设施向该地集聚。当资源集聚达到一定程度产生规模经济效应，沿通道向两侧腹地进行扩散，促进交通廊道效应发展。

高速路口节点城市和交通运输通道延伸方向区域共同形成了交通点轴发展的空间布局形态，点轴空间以交通通道为依托，串联了不同发展水平的节点城市，并加强了节点与节点之间、节点与区域之间和区域与区域之间的相互联系，使城市在地域上的空间布局更加科学化。我国高速公路点轴空间分布形态分为四周拓展型点轴格局和单向延伸型点轴格局，不同类型点轴格局相互交错、相互影响，形成我国网络型发展格局。交通经济带最终也将发展成为由多条交通经济带交互组合而成的网络经济带。

（3）高速公路对面状区域空间布局的影响。一条高速公路将产生一条点轴模式交通经济带，在多条高速公路线路的相互作用下，由多条交通经济带组成的交通经济网所覆盖的区域成为区域面，高速公路网络的布局结构有助于区域面的经济发展和空间布局优化。区域面包括单个城市群区域面和多个城市群组合而成的区域面。我国东部高速公路领先发展于其他地区，高速线路分布密集，已由单个城市群区域面发展的格局转向多个城市群组合而成的综合区域面格局。

单个区域面发展模式仍然将区域划分为几个小板块，综合型区域面发展模式将独立于各区域单元的城市群连接为一个整体，有利于一体化经济的形成，同时促进片区内各城市的经济发展，缩小地区间发展差距。中西部地区高速公路网密度较低，城市群之间连接的高速通道较少，不利于区域面的形成，阻碍区域一体化进程。

6.1.2 高速公路交通系统指标体系构建

高速公路交通的指标体系多从以下几个方面进行构建。宋宇萌

（2018）利用公路运输水平、公路基础设施建设和公路运载工具保有量三个维度刻画公路运输业发展水平。杨永义（2017）通过交通运输业基础设施建设规模、交通运输业发展水平、交通运输业网发展水平反映交通运输发展状况。张润（2018）通过交通水平、交通规模、交通结构、交通速度反映交通发展变化情况。

对高速公路交通指标进行收集和整理，并进行初步筛选和比较，为下一步指标实证筛选打好基础。高速交通系统的指标初步收集于各相关文献，高速交通系统指标筛选过程同第 5.2 章节所示的区域经济子系统实证筛选过程一致，这里不再赘述。经过初步筛选和比较，结合研究问题，得出表 6－1 所示的高速公路系统指标体系，以便于下一步的指标实证筛选。指标实证筛选数据来源于统计年鉴。

表 6－1　　　　　　　　　　高速公路系统指标体系结果

目标层	一级指标	二级指标
高速公路子系统	交通基础规模	公路里程
		高速公路里程
		交通运输业从业人员
	交通结构	高速公路网络密度
		高速公路占比
		交通运输业从业人员占就业人员比重
高速公路子系统	交通功能	公路客运量
		公路货运量
		公路客运周转量
		公路货运周转量

6.1.3　高速公路交通系统评价指标体系

高速公路交通系统评价指标体系如表 6－1 所示，其中一些指标解释如下。

1. 高速公路占比

高速公路占比分为高速公路数量占比和高速公路里程占比。本书中公路的比例按公路里程占公路总里程的比例来计算。

2. 高速公路网密度

公路网密度是衡量区域公路发展水平的重要指标。道路密度有两种计算方法：每 100 平方公里的道路总里程或每 1 万人的道路总里程。本书采用每百平方公里道路总里程计算公路网密度。

6.2 高速铁路网络评价指标体系

6.2.1 高速铁路对区域发展空间的影响

铁路运输是我国重要的交通运输方式，近年来普通铁路在运营里程、运输效率、技术水平和装备更新方面发展迟缓，已经步入铁路发展的瓶颈时期，无法适应和满足经济发展和人们生产生活的需求。在此背景下，快速、高效的高速铁路发展补充了普通铁路运营中存在的不足，成为我国高速交通运输体系中的重要的组成部分，对我国社会经济的协调快速发展产生了显著的促进作用。

1. 高速铁路发展现状

1994 年，我国第一条时速达 200 公里/小时的广州至深圳的高速铁路开通运营，标志着我国开始进入铁路高速化时代[①]。2003 年，第一条客运专线秦沈客运专线建成通车，随着高速铁路建设进程的加快，我国提出铁路发展的中长期规划，以便指导我国高速铁路发展的方向和布局方式。规划指出，我国要建立"四纵四横"的高速铁路运输网络，完善路网布局和西部开发新线。2008 年我国第一条完全自主知识产权的京津城际铁路开通运营。2012 年始，我国高速铁路进入快速发展时期，高铁建设里程和运行速度均得到较大提升，其运营里程呈现持续不断上升的趋势，在铁路中的

---

① 2022 年交通运输行业发展统计公报 ［EB/OL］. 交通运输部网站，2023－06－21.

比重也越来越高。截至 2022 年底，我国高速铁路营业里程达 4.2 万公里，居世界第一，四纵四横高铁网已全部建成①。依据 2008～2022 年《中国统计年鉴》数据，2008～2022 年高速铁路里程如图 6－2 所示。

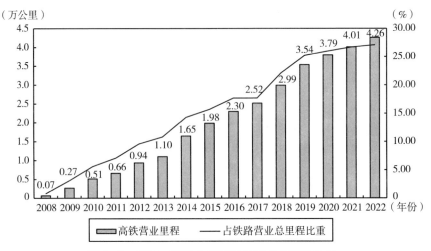

图 6－2　2008～2022 年高速铁路营业里程和比重

　　"四纵四横"高铁网将我国东西南北各区域紧密联系在一起。"四纵"包括：京沪客运专线，京港客运专线，京哈客运专线，沪深客运专线。"四横"包括：青太客运专线，沪昆客运专线，徐兰客运专线，沪汉蓉客运专线。城际铁路网建设速度加快，已各自覆盖我国几大城市群，分别包括环渤海城际铁路网、长三角城际铁路网、珠三角城际铁路网、辽中南城际铁路网、关中城际铁路网、长株潭城际铁路网和成渝城际铁路网；城际铁路网可提高城市群内各市交通可达性，促进区域经济一体化发展。伴随着高速铁路交通运输网络的形成和完善，我国大部分地区已实现朝出夕至的出行时效，小部分地区也可以日到达，只有微小部分地区仍未通高铁。

　　在"四纵四横"高速交通铁路网格局下，我国又提出了建设"八纵八横"的高速铁路网的发展规划。在现有"四纵四横"的基础上，扩张原有高速路网通达范围，新增高速铁路新线路建设里程，最终形成更加完善的高速铁路网。"八纵"通道包括沿海通道、京沪通道等 8 条纵向线路。"八横"通道包括绥满通道、京兰通道、青银通道等 8 条东西向线路。2021 年

①　2022 年交通运输行业发展统计公报［EB/OL］. 交通运输部网站，2023－06－21.

底印发的国家"十四五"铁路发展规划和 2022 年初印发的国家《"十四五"现代综合交通运输体系发展规划》明确提出：全面启动高铁主通道缺失段建设，提升沿江、沿海、呼南、京昆等重要通道以及京沪高铁辅助通道运输能力，有序建设区域连接线。目前"八纵八横"高铁主通道剩余未建设路段已基本纳入了国家"十四五"铁路发展规划。"十四五"初期这两年，各通道重点路段已密集开工。

根据中国国家铁路集团有限公司统计数据，截至 2023 年 6 月底，"八纵八横"通道规划总里程约 4.6 万公里，目前已建设投产 3.53 万公里，占比约 77.83%。其中 5 条通道已全面建成，在建总里程约 8000 公里，建成和在建占比近九成，剩余未开工段落总里程约 5000 公里。由于中西部地区山区地质复杂、隧道建设难度大、跨江桥隧工程施工周期长等原因，像西宁至成都铁路、渝昆高铁云南段、西渝高铁陕西段、北沿江高铁等，工期需要 5~7 年，预计在 2028 年左右"八纵八横"通道除绥满、青银部分区段外将基本建成。①

京津冀协同发展重大国家战略实施以来，河北省轨道交通建设牢牢扭住北京非首都功能疏解这个"牛鼻子"，着眼于加快推进交通一体化率先突破，推动"轨道上的京津冀"跑出"新速度"。2014 年京津冀协同发展战略实施以来，河北省累计投资超过 1100 亿元，相继建成开通了津保铁路、石济客专、京张高铁、崇礼铁路、大张高铁、张呼高铁、京雄城际、京沈高铁 8 条共计 800 余公里高速铁路，实现了市市通高铁的目标。② 这些铁路与既有的京沪、京港澳（京广）、石太客运专线等相连接，形成了京津冀对外连接东北、西北、华东、华中、华南、港澳地区的高铁通道主网络，"轨道上的京津冀"主骨架初步成型。

按照铁路"十四五"规划，2025 年末，河北省铁路里程力争达到9000 公里，其中高铁 2500 公里。"轨道上的京津冀"基本形成，环京津 1小时交通圈更加高效便捷，秦唐沧三港四区铁路集疏运体系更加完善，"前后一公里"问题基本解决，铁路货物运输更加畅通。预计到 2035 年，

---

① 资料来源：中国国家铁路集团有限公司网站。
② 袁志广．河北累计投资超 1100 亿"轨道上的京津冀"主骨架初步成型——京津冀协同发展八周年河北铁路建设纪实［N］．人民网 – 河北频道，2022 – 12 – 27．

河北省铁路里程力争达到 1.1 万公里，其中高铁（含城际铁路）4000 公里左右，建成雄安新区"四纵两横"高速铁路网，以及以京津石雄为核心的"环射型＋网络化"城际铁路网，与其他交通方式深度融合，形成国际领先的现代化综合交通运输体系，使群众出行更加便捷舒适。[①]

2. 高速铁路对区域发展空间结构的影响

高速铁路的快速发展，打破了以往区域空间分布格局，区域空间架构得以重新构建。高速铁路运输以其独特的运行轨道和专业的列车组设计，规定其运营新建设计开行 250 公里/小时（含预留）及以上动车组列车，初期运营速度不小于 200 公里/小时，仅次于航空运输时速，是我国中长途运输的主要方式，具有快速、高效等特点[②]。高速铁路以其自身便捷高效的运输优势和在全国范围内纵横交错的网络布局提升了所覆盖地区的交通可达性水平，产生时空收缩效应，促进生产要素的自由流动和在区域内的优化配置，带动沿线地区经济的发展，经济区位的改变又引发了区域结构的重组。高速铁路对空间结构的作用主要从高铁场站、城市层面和区域层面三个维度进行分析。

（1）高速铁路对高铁场站空间布局的影响。我国高速铁路发展起步较晚，仅有短短 10 余年时间。此时，我国经济发展水平已基本进入后现代化时期，区域间和城市内经济空间布局已经形成，城市中心没有足够的场地用于建设高铁站，再加之地价等建设成本的影响，我国高速铁路场站主要建设在城市郊区地带。高速铁路开通运营后带来了经济的增长效应，高铁沿线地区集聚了大量企业，形成交通经济带，以高铁场站为中心形成了新的经济区，并吸引人口、资金、技术和信息等资源向该地集聚，一种新的依靠高铁站发展起来的新经济区域出现，称之为"高铁新城"。高铁场站主要选择高速铁路沿线重要节点城市进行设置，除省会城市等区域中心地区均设置高铁场站以外，还有大连、鞍山、宁波、台州、温州、厦门、深圳、汉口、徐州、商丘、洛阳和宝鸡等重要节点城市均设置站点，它们均

---

①　单昕，陈红宇. 河北高铁建设 8 年总投资超 1100 亿元 [N]. 中国交通报，2023 – 01 – 03.

②　尚迪，朱梅，陈源，等. 国际铁路联盟标准《高速铁路实施定义和特点》主要内容分析 [J]. 铁道技术监督，2020，48（11）：1 – 6.

具备交通基础设施完善、资源丰富、经济发展水平较好和地理区位优越等优势。从全国范围看，高铁场站主要集中分布在东部沿海地区，站点设置密度最大，其次是中部和东北地区，站点设置较少的是西部地区，受经济发展水平和地理因素影响，西部地区高铁场站对地区经济的带动作用较小，带动经济增长的滞后性明显。

（2）高速铁路对城市空间布局的影响。高速铁路发展改变了城市的空间区位格局，弱化了城市的空间区位效应，交通区位效应得以提升，促使城市在区域中的功能由中心向节点发生转变。节点城市间时空距离缩减，同城效应增强，促进节点城市间的经济与文化交流，加强相邻的经济发展水平较好的城市的集聚，城市群空间发展格局形成。城市内部经济发展空间布局由单核心向多中心格局转变、由城市中心向郊区转移，高速铁路和城市轨道交通的发展促进高铁站周边经济发展，形成新的经济增长区。加之城市轨道交通等快速交通运输通道的建设运营，减少交通通勤时间，形成职住分离，城市郊区经济得到进一步提升。高速铁路网络完善还优化了城市规模等级结构，沿线节点城市由于受自身经济发展水平、区位要素和交通运输水平的影响，高铁对节点城市产生的作用也存在异质性，促使不同规模城市的形成，优化城市等级结构。

（3）高速铁路对区域空间布局的影响。高速铁路网络体系加强了城市群之间、区域板块之间的联系，全国形成了以北京为中心的8小时交通圈，缩小区域间时空距离，促进全国经济一体化的形成，降低东西部地区经济发展差距和城乡差距。在高速铁路的作用下，我国东部沿海地区、东北地区、中部地区、西南地区和西北地区之间联系加强，资源要素在区域间自由流动并得到重新配置。受东部沿海经济发达地区辐射作用明显，西部各地承接东部地区对其进行产业转移，加速了该区域经济的发展。西部地区贵州、云南、甘肃等地通过高铁加强与东部地区的联系，经济发展水平不断提高，地区产业结构也不断优化，以旅游业、信息产业、快递物流业为主的第三产业增加值得到迅速提升。在高速铁路网络的影响下，我国区域呈现组团连片式的空间格局，高速铁路拉近了城市群之间的时间和空间距离，促进城市群组团式发展，组团后的城市群以连片式的空间形态将我国各区域连接成片，我国一体化区域经济发展格局基本形成。

6.2.2 高速铁路与区域协调发展相互作用机制

1. 高速铁路交通对区域协调发展的影响

高速铁路对区域协调发展的影响路径主要分为两个方面，一个是由以高速铁路为中心的高铁产业带来的，也就是高铁在建设时期对区域经济产生的影响，具体影响路径如图 6 – 3 所示。另一个则是在高铁交通建成通车以后，首先提高了区域可达性的水平，可达性提高后节省了交通的运行时间，即降低了出行时间成本，所以会促使人和要素加速流动，最后一定会刺激区域经济的增长。同时还会发现区域协调发展又会加快刺激更高的交通运输需求的产生，正如前文所提到的交互推拉理论，对于产生的更高的交通运输需求又会进一步推动高速铁路的发展。这里在探讨高速铁路交通对区域协调发展的关系时，主要针对的是在高速铁路开通和运营以后所带来的经济效应。

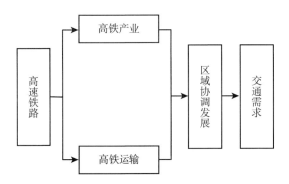

图 6 – 3 高速铁路对区域经济的影响路径

（1）高速铁路交通对区域协调发展影响的宏观路径。高速铁路交通对区域协调发展影响的宏观路径主要通过集聚效应和扩散效应体现。高速铁路的网络化在很大程度上提高了各种生产要素在区域之间的流动率，要素的快速流动推动了区域经济的快速发展，表现为加速了区域经济的扩散效应和集聚效应，高速铁路交通对区域协调发展带来的影响与其他交通设施所带来的影响是不同的，正如与区域协调发展的发展相关理论提出的观点一样，区域协调发展情况在不同地区表现并不相同，即不可能同时均衡地发生在所有地区。它必须首先发生在具有区域优势的一些有利地区。这些区域协调发展很快就会依赖最初的优势，经济增长速度比其他区域发展更快。因为这种发展优势的不断累积，要素的不断聚集，经过一段时间以后，这种发展优势开始向周边扩散，即产生了所谓的扩散效应，可以缩小发达地区和欠发达地区之间的经济差距。

高速铁路交通能为较为发达的区域带来集聚效应和扩散效应，但是良好的高速铁路设施不能总是保证为那些发展相对落后的地区带来空间上的溢出效应。因为只有拥有良好的文化体系、先进的基础设施等吸引力，才能承受发达区域所带来的扩散效应，但与此相反的是，需要具备的这些吸引力也正是欠发达地区所缺少的，所以欠发达地区总是不能接收到发达地区所带来的扩散效应。或是说所接收到的扩散效应带来的积极影响太小，并不能抵消掉聚集效应等所带来的负面影响。当地区之间的经济活动主要表现为集聚效应时，高速铁路可能对其他落后地区的经济增长产生负向溢出效应，这将削弱其他地区的经济增长。

（2）高速铁路交通对区域协调发展影响的微观路径。从短期来看，主要是由高速铁路在建设时期所带来的经济效益，例如，在铁路建设初始，会吸引到大量的企业为其注资，为企业日后带来发展。除了为建筑企业带来发展动力，也会对其他行业的企业产生扩散效应。除此之外，高速铁路的修建还会需要大量的人力，包括技术人员和建筑工人，因此，增加的大量的就业岗位不仅会缓解劳动力闲置的问题，甚至在一定程度上能改善居民的收入情况。从长期来看，高速铁路对经济增长作用的表现为：高速铁路交通运营后最直接的影响就是改变该沿线区域的通达性，一方面，区域通达性的提高可以减少人们的出行成本，这对于人们对未来居住地的选择有很大的影响；另一方面，区域通达性的提高可以降低产品消耗在运输途中的成本，提高企业的经济效益，这也在很大程度上决定了企业未来发展地区的选择。无论通达性的提高对何方面产生了影响，最终都将推动该区域的经济增长。由于交通的发达将带来一系列优点，具体可简单概括为打破了空间距离的阻碍，减少了两地之间的运行时间，运输成本的降低将提高运输质量。质量的提高进而又使得运输成本降低，交通运输成本的降低又会对区域经济产生影响，如此反复，将形成良性循环机制。

2. 高速铁路与区域协调发展相互影响机制

高速铁路是实现互联互通，促进国内外统筹发展的重要载体（张恒龙，2018）。高速铁路网络能够改变沿线城市间的相互联系和资源分配形式，有助于实现区域协调发展（田梦，2021）。高铁在我国区域协调发展过程中扮演着举足轻重的角色。高铁的发展带动了国家基础工业能力的提升，能够加快生产要素的流通，促进区域经济发展，对区域经济发展具有正外部性和外部溢出效应。高铁承载的不仅是客流，还有产业链的新生与突破。作为一种具有典型网络特性的快速交通基础设施，高铁极大地促进了人员、信息等资源要素的快速流动，对沿线城市的集聚经济产生重要影响（冯晓兵，2022）。

高铁的发展关乎区域的发展，区域发展不能脱离高铁带来的积极促进作用。区域发展中的经济子系统往往依托于交通，若区域发展与高铁能够协调，对二者均有积极促进作用，形成良性发展的局面，高铁与区域协调发展相互作用机制如图6-4所示。我国高铁的跨越式突破，会对区域发展起到更大的作用和贡献。但是在区域发展与高铁网络均日益增长和完善的同时，一系列区域发展与高铁网络的不均衡问题随之出现。目前省级高铁网络与区域发展并不协调，严重阻碍了推进协调发展战略的进程。因此，面对我国区域协调发展的战略需求，研究高铁网络与区域协调发展耦合关系发展具有重要意义。

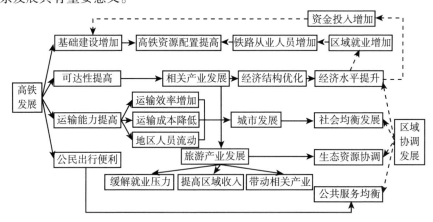

图6-4 高速铁路与区域协调发展相互作用机制

基于协调理论的观点，高速铁路与区域协调发展存在相互影响作用。高速铁路对区域协调发展的主要影响体现在区域经济与区域产业发展。从区域经济角度来看，高速铁路的基础设施建设使高铁资源配置提高，促进经济增长，提升经济水平。而经济水平的提升会促使区域就业，铁路从业人员增加。伴随区域经济水平提升的结果是用于高铁基础建设的资金将直接或间接增加，从而提升高速铁路的综合发展水平。高速铁路的发展提升区域可达性，有利于加快区域内市场要素流动，扩大区域优势产业，提升区域产业核心竞争力，优化经济结构，提升区域经济发展质量。高铁为河北省带来的重要影响是旅游业的发展，为缓解就业压力、提高区域收入、带动相关产业发展起到了关键作用，高铁带动的旅游产业发展也为区域生态环境的保护和协调绿色发展起到了正向的反馈作用。运输能力的提高是高铁发展的又一显著体现，包括运输效率增加、运输成本降低、区域人员流动增多。密集的交通网络将促进城市间的交流和社会均衡化发展。交通作为基本公共服务的重要组成部分，影响公民出行便利程度，是公共服务均衡的必要条件。

6.2.3　高铁网络评价指标体系

在已有的研究中，多数学者认为高铁可促进区域协调发展（杨维凤，2016；俞路，2019；冯晓兵，2022；李紫萱，2023；李松，2017），认为铁路车站站点设置能够给县域带来显著的经济效应，对区域发展有正向影响。但也有学者认为交通对区域协调发展短期促进效应不显著，长期有助于促进区域协调发展（张恒龙，2018）。王垚（2014）认为当经济放缓时，高铁短期并不能引领地区经济增长，理由是交通的改善会导致区域内劳动力、资本等要素外流。在铁路与区域协调发展的耦合协调性研究中，潘振兴（2019）从路网投入和路网产出两个方面构建了共12个指标的铁路网子系统。陈小红（2018）采用耦合协调模型对综合交通优势度与区域经济之间的耦合协调程度进行分析，认为综合交通优势度与区域经济发展呈现较高的空间耦合度。这些研究成果为系统研究综合高铁网络如何作用于区域协调发展及作用程度奠定了基础。梳理已有研究成果，区域协调发展问题已经积累了许多文献（Fleisher，2010；袁野，2018；邓宏兵，2019；张可云，2019；张超，2020），研究视角也经历了从单一视角到多个视角的转换，研究成果颇丰，但研究局限性仍然存在，主要反映在三个方面：一是区域协调发展评价指标众说纷纭，没有形成统一的指标体系，虽然已有经济、社会、生态、人口等多个系统的综合评价，但在基本公共服务均等化、社会公平化、环境资源等方面研究较少且不够深入；二是在区域发展与高铁网络协调关系测度方面，测度方法仍然有待突破和研究，现有研究需要打破这一难点，提出更多样化的方法模型；三是高铁对区域发展作用机理尚无定论。因此，在已有研究的基础上，通过构建全面、科学的高铁网络指标体系，对高铁与区域协调发展水平进行时序演化和空间差异研究，为制定新一轮的高铁网络规划目标和区域协调发展策略提供合理的参考。

高铁极大地改善了区域之间的可达性，影响了区域间生产要素的流动（李红昌，2016），尤其是对人才流动的影响显著，是社会经济发展的基础。目前用于高铁发展水平的评价指标较少，张清兰（2020）采用高铁里程、高铁站点数量、最邻近指数、联系强度、流出强度、流入强度和通达性等指标构建了高铁优势度评价体系；金江磊（2019）采用路网密度、结合度、成环率、连接率、环路指数、节点线路数、最短运输距离等作为高铁通达度指标；邵海雁（2021）则利用 ArcGIS 成本距离工具生成各节点的可达性分析图，依据栅格成本距离计算得到的节点间最短时间。依据已有相关文献对高铁评价指标进行收集和整理，并进行初步筛选和比较，作为指标实证筛选基础。高铁系统指标筛选过程与区域经济子系统实证筛选过程一致，这里不再赘述。经过初步筛选和比较，结合研究问题，得出表 6-2 所示的高铁网络评价指标体系。

表 6-2　　　　　　　　　　高铁网络评价指标体系

目标层	一级指标	二级指标
高铁网络系统	交通基础规模	高铁里程
		高铁运输业从业人员
	交通结构	高铁网络密度
		高铁占比

续表

目标层	一级指标	二级指标
高铁网络系统	交通功能	高铁从业人员占就业人员比重
		高铁客运量
		高铁客运周转量

6.3 指标权重测算方法

计算指标权重的方式可以分成主体赋予权力和客观赋予权力两大类，它们各有特点。主观赋权法简便容易，但存在主观偏见，不能保证结果的准确性；而客观赋权法则依赖于客观数据，因此得出的结果更具科学性。为了更好地理解本章研究的系统指标体系，采用了改进的层次分析法和熵值法，以确保结果的准确度和客观性，并且精确地确定了系统指标的权重。

6.3.1　改进的层次分析法确定主观权重

层次分析法具有明确的结构，但在构建矩阵时需要进行细致的判断，主观性较强。为了减少主观性的影响，根据样本标准差和重要性传递性法则构造判断矩阵。层次分析法的又一不足之处在于一致性不满足在客观现实条件下不能完全消除，为在使用层次分析法时得到一致性更高和更为合理的判断矩阵和权重，我们将判断矩阵进行改进，引入 AGA 理论改进传统的层次分析法优化问题。具体步骤如下。

1. 构建层次结构模型

为了解决问题，需要建立一个区域协调发展和高速交通的指标体系。这个系统应该按照不同的属性和关系进行分解，形成一个逐层递进的结构。通常，这个系统应该分成三个层次：目标层、原则层和技术层。

2. 构造改进的判断矩阵

传统 AHP 方法构造判断矩阵往往根据某种特定的固化的标度准则，直接依据主观判断，将方案进行两两比较得出相对重要程度作为判断矩阵中元素的取值。为了弥补传统 AHP 方法构造判断矩阵时过于依赖专家的主观判断的不足，增加对定量指标的应用，将判断矩阵构造方法改进为如下过程。

将重要性判断改为通过计算样本标准差两两比较判断，通过重要程度的传递性法则排序样本标准差比较结果，得到最终改进的判断矩阵。评价指标的样本标准差反映数据的波动大小，从评价的角度出发，某一指标内部的变化程度越大，其传递的综合评价信息就越丰富。因此，选取评价指标的样本标准差 $S(i), (i = 1, 2, \cdots, n)$ 来构造判断矩阵 $B_{n \times n}$。指标 i 相对指标 j 重要性标度 B_{ij} 的计算公式为：

$$\begin{cases} \dfrac{S(i) - S(j)}{S_{max} - S_{min}}(b_m - 1) + 1, & S(i) \geqslant S(j) \\ 1 \Big/ \Big[\dfrac{S(i) - S(j)}{S_{max} - S_{min}}(b_m - 1) + 1 \Big], & S(i) < S(j) \end{cases} \qquad (6-1)$$

其中，$S(i)$ 和 $S(j)$ 分别为指标 i 和 j 的样本标准差；S_{max} 和 S_{min} 分别为 $\{S(i), (i = 1, 2, \cdots, n)\}$ 的最大值和最小值；$b_m = \min\{9, int[S_{max}/S_{min} + 0.5]\}$ 表示相应重要性参数值。其中，min 为取最小函数；int 为取整函数。

通过比较 n 个指标，可以确定矩阵 B 中元素的值为：

$$P_{1,2} = a_1, P_{2,3} = a_2, \cdots, p_{(n-1),n} = a_{(n-1)} \qquad (6-2)$$

则：

$$P_{m,n} = \prod_{i=m}^{n-1} a_i, (m = 1, 2, \cdots, n-1) \qquad (6-3)$$

3. 层次单排序

根据计算结果每一级中元素的重要性，并将其重量分摊给上一级，从而确定判断计算矩阵的主要特征根和对应的主要特征方向。常用的方法有平方根法和求和法。本书采用平方根法来计算每行元素的乘积 M_i，并将其求出 n 次方根，以此来实现对每行元素的精确估算。公式如下：

$$M_i = \prod_{j=1}^{n} b_{ij}(i = 1,2,\cdots,n) \quad (6-4)$$

$$w_i^* = \sqrt[n]{\prod_{j=1}^{n} b_{ij}} \quad (6-5)$$

通过计算得到特征向量 $w^* = (w_1^*, w_2^*, \cdots, w_n^*)^T$，归一化得到单层次判断矩阵权重向量 W，公式如下：

$$W = w_i^* \Big/ \sum_{i=1}^{n} w_i^* \quad (6-6)$$

通过求和矩阵 B 中每列元素的和，可以得到向量 $S = (s_1, s_2, \cdots, s_j)$。其中：

$$S_j = \sum_{i=1}^{n} b_{ij} \quad (6-7)$$

计算最大特征值 λ_{max}：

$$\lambda_{max} = S \times W = \sum_{i=1}^{n} \frac{(B \times W)_i}{nW_i} \quad (6-8)$$

4. 判断矩阵进行一致性检验

判断矩阵需要满足一致性指标 CR < 0.1。如果一次性检验失败，则需要重新调整相应的判断矩阵。

判断矩阵满足完全一致性，有：

$$\sum_{k=1}^{n} (b_{ik}w_k) = \sum_{k=1}^{n} (w_i/w_k)w_k = nw_i,(i = 1,2,\cdots,n) \quad (6-9)$$

$$\sum_{i=1}^{n} \left| \sum_{k=1}^{n} (b_{ik}w_k) - nw_i \right| = 0 \quad (6-10)$$

为增强一致性问题，金菊良（2003）提出将一致性问题转化为一非线性优化问题。并引入遗传算法（AGA）解决常规解法难以解决的优化问题，以适应现实中各种复杂系统。公式如下：

$$minCIF(n) = \sum_{i=1}^{n} \left| \sum_{k=1}^{n} (b_{ik}w_k) - nw_i \right| \Big/ n$$

$$s.t. \quad \sum_{k=1}^{n} w_k = 1$$

$$w_k > 0,(k = 1,2,\cdots,n) \quad (6-11)$$

其中，CIF 为一致性指标函数，$w_k(k = 1, 2, \cdots, n)$ 为优化变量，当判断矩阵具有完全一致性时，式（6 – 11）取全局最小值 $CIF(n) = 0$。根据约束条件 $\sum\limits_{k=1}^{n} w_k = 1$，全局最小值保证是唯一的。

为进一步增强对判断矩阵的优化能力，可将优化目标进行替换，采用 AGA – AHP 技术进行改良，将 CR 作为改善对象，以提高一致性比率，则改进后的 AGA – AHP 算法如下：

$$\min CR = CI/RI$$
$$\text{s. t.} \quad y_{ii} = 1(i = 1, 2, \cdots, n)$$
$$1/y_{ji} = y_{ij} \in [b_{ij} - db_{ij}, b_{ij} + db_{ij}]$$
$$(i = 1, 2, \cdots, n, j = i + 1, \cdots, n) \qquad (6 - 12)$$
$$w_i > 0$$
$$\sum_{i=1}^{n} w_i = 1$$

其中，CI 为一致性指标；CR 为随机一致性比率；y_{ij} 为改进 AGA – AHP 得到的判断矩阵中第 i 行第 j 列的值；b_{ij} 为原始判断矩阵中第 i 行第 j 列的值；d 为非负参数，取值范围为 $[0, 0.5]$。

通过 λ_{max} 来评估矩阵 B 中各元素的一致性，并将一致性指数 CI 进行比较。表 6 – 3 中给出的 CI 与随机 RI 之比，可以用来衡量矩阵的一致性水平，从而更好地反映矩阵的整体性能。

表 6 – 3　　　　　　　　　　随机指标 RI 取值

n	2	3	4	5	6	7	8	9	10
RI	0.00	0.58	0.90	1.12	1.24	1.32	1.41	1.45	1.49

5. 判断矩阵一致性检验

（1）求出一致性指标 $CI = (\lambda_{max} - m)/(m - 1)$。

（2）查表 6 – 3 得到随机一致性指标 RI。

（3）计算一致性 $CR = \dfrac{CI}{RI}$，当 $CR < 0.1$ 接受判断矩阵；否则修改判断

矩阵，直到 CR < 0.1。

6. 层次总排序

计算最顶层目标总排名的底层方案权重向量，进行总排名一致性检验，验证最终决策是利用总排名权重向量做出的。

6.3.2 熵值法确定客观权重

决定指标权重的办法有两种：主观赋权法和客观赋权法。主观赋权法往往受到人为因素的限制，因此本书采用熵值法来定义指标权重。熵值法是通过计算熵值来获得指标权重的一种方法，熵值越小，对应的权重越小。

1. 构建初始矩阵

设有 m 个样本，n 项指标，则初始矩阵为：

$$\begin{bmatrix} x_{11} & \cdots & x_{1n} \\ \vdots & \ddots & \vdots \\ x_{m1} & \cdots & x_{mn} \end{bmatrix} \tag{6-13}$$

2. 数据标准化处理

各种各样的技术指标有着各种各样的量纲，因此需要使用极差标准化方法来实现归一化数据处理，以确保准确性和可靠性，这里要注意指标的性质，下面给出正指标和反指标的不同处理公式。同时，对于标准化处理后结果为零的数据（即本身是数列最大值或最小值的数据），采取加 0.0001 后的结果作为最终标准化的结果。公式如下：

$$正向指标：X'_{ij} = \frac{x_{ij} - \min(x_{ij})}{\max(x_{ij}) - \min(x_{ij})} \tag{6-14}$$

$$负向指标：X'_{ij} = \frac{\max(x_{ij}) - x_{ij}}{\max(x_{ij}) - \min(x_{ij})} \tag{6-15}$$

其中，x_{ij} 为第 i 年第 j 项指标的原始数据值；X'_{ij}（i = 1, 2, ···, m; j = 1, 2, ···, n）为标准化后的数据值；$\min(x_{ij})$ 和 $\max(x_{ij})$ 分别是第 j 项指标的最小值和最大值。

3. 计算第 i 年，第 j 项指标的比重

$$Y_{ij} = \frac{X'_{ij}}{\sum_{i=1}^{m} X'_{ij}}, (j = 1,2,\cdots,n) \qquad (6-16)$$

4. 计算第 j 项指标的熵值 e_j

$$e_j = -k \sum_{i=1}^{m} Y_{ij} \times \ln Y_{ij}, (j = 1,2,\cdots,n) \qquad (6-17)$$

其中，$k = 1/\ln(m)$，且 $0 < e_j < 1$。

5. 计算差异性系数 d_j

$$d_j = 1 - e_j \qquad (6-18)$$

6. 计算第 j 项指标的权重

$$W_j = \frac{d_j}{\sum_{j=1}^{n} d_j}, (j = 1,2,\cdots,n) \qquad (6-19)$$

在基于主观权重和客观权重确定综合权重时，采用最优化组合中的最小二乘法进行组合赋权。

6.3.3　组合赋权确定综合权重

主客观权重组合的典型方法大致分为两类：乘法综合的归一化方法和线性加权组合方法。龚艳冰（2020）提出基于不确定正态云的组合权重方法；姜光成（2016）利用线性组合法确定主客观组合权重；路云飞（2018）采用基于向量相似性的组合赋权法对主客观权重进行组合。在根据主观权重和客观权重确定综合权重时，本书在最优组合中采用最小二乘法进行组合加权，如下：

$$\min F(w) = \sum_{i=1}^{m} \sum_{j=1}^{n} \{ [(w_{主j} - w_j) z_{ij}]^2 + [(w_{客j} - w_j) z_{ij}]^2 \}$$

$$\text{s. t.} \quad \sum_{j=1}^{n} w_j = 1 \tag{6-20}$$

$$w_j \geq 0 (j = 1,2,\cdots,n)$$

用矩阵表示上述式（6-20）为：

$$\begin{bmatrix} A & e \\ e^T & 0 \end{bmatrix} \times \begin{bmatrix} w_j \\ \lambda \end{bmatrix} = \begin{bmatrix} B \\ 1 \end{bmatrix} \tag{6-21}$$

式（6-21）中，A 为 n×n 阶对角阵；e,W,B 均为 n×1 向量。可得：

$$A = \text{diag} \left[\sum_{i=1}^{m} z_{i1}^2 , \sum_{i=1}^{m} z_{i2}^2 , \cdots , \sum_{i=1}^{m} z_{in}^2 \right] \tag{6-22}$$

$$e = [1,1,\cdots,1]^T \qquad w_j = [w_1,w_2,\cdots,w_n]^T$$

$$B = \left[\sum_{i=1}^{m} \frac{1}{2}(w_{主1}+w_{客1}) z_{i1}^2 , \sum_{i=1}^{m} \frac{1}{2}(w_{主2}+w_{客2}) z_{i2}^2 , \cdots , \sum_{i=1}^{m} \frac{1}{2}(w_{主n}+w_{客n}) z_{in}^2 \right]^T$$

$$\tag{6-23}$$

求解 w_j 得：

$$w_j = A^{-1} \times \left[B + \frac{1 - e^T A^{-1} B}{e^T A^{-1} B} \times e \right] \tag{6-24}$$

其中，w_j 是综合权重；z_{ij} 为具有 n 个评价指标、m 个评价对象的标准化的统计计算矩阵。

6.4 耦合协调度模型

耦合协调模型是研究高速交通与区域协调发展相互作用的主要模型。与耦合模型只能反映两者相互作用的强弱对比，耦合协调模型具有独特的优势，可以反映研究对象之间综合发展水平的协调程度，是协调度研究中常用的方法。因此，耦合协调模型依赖于耦合度，并在耦合度模型的基础上进行优化，两者各有优点。

6.4.1 耦合度模型

耦合度是由物理学中的容积相互作用概念和容量耦合系数模式所决定的，它们共同构成了整体的特征，计算公式如下：

$$C = \left[\frac{n(X_1X_2 + X_1X_3 + \cdots + X_{n-1}X_n)}{(X_1 + X_2 + \cdots + X_n)^2}\right]^{1/n} = (C')^{1/n} \qquad (6-25)$$

耦合协调模型主要由耦合度和耦合发展度构成。现有文献中已经有许多分析多个系统的耦合协调模型，在借鉴相关文献的基础上，结合本书所研究的区域协调各子系统，将上述模型应用到本书的研究对象中，构建区域协调发展与高速交通两个系统的耦合协调模型，计算公式如下：

$$C = \left\{\frac{U_1 \times U_2}{[(U_1 + U_2)/2]^2}\right\}^{1/2} \qquad (6-26)$$

$$U = \sum_{j=1}^{n} w_{ij}x_{ij} \qquad (6-27)$$

其中，U 是各个子系统的综合评价值，代表系统的综合发展水平；w_{ij} 是第 j 项指标在第 i 个评价对象上的权重；x_{ij} 是标准化数据；C 为区域发展和高速交通的耦合度，取值范围为 $[0, 1]$。

C 表示子系统之间的相互作用的强烈程度。取值越接近于 1，表明相互作用程度越强，耦合度越强。耦合度研究通常被区分为四大步骤，如表 6-4 所示。

表 6-4 耦合度阶段划分

耦合度	$[0, 0.3]$	$(0.3, 0.5]$	$(0.5, 0.8]$	$(0.8, 1.0]$
耦合阶段	低耦合阶段	拮抗阶段	磨合阶段	高耦合阶段

6.4.2 耦合协调度模型

耦合度是评价子体系内部作用过程的重要指标，它可以帮助更好地计算耦合协调度，从而提高系统的效率和性能。为了深入研究子系统之间的耦合程度，引入耦合协调模式是必要的，其具体运算公式为：

$$T = \alpha U_1 + \beta U_2 \qquad\qquad (6-28)$$

$$D = \sqrt{C \times T} \qquad\qquad (6-29)$$

式（6-28）中，T 为区域协调发展系统和高速交通系统的综合协调指数，α 和 β 分别为区域协调发展系统和高速交通系统的重要程度，本书认为两个子系统同等重要，因此将系数设置为 α = β = 0.5。式（6-29）中 D 代表两种控制系统相互之间的耦合协调能力，它体现了控制系统相互之间协同保持一致的能力，从而决定了控制系统的发展方向。

协调度计算以高速交通指标和区域协调发展指标为基础，2004～2018年每一年作为一个决策，个数用 N 表示，N = 15。每个决策的指标数为前面章节建立的区域协调发展评价指标个数 L、高速交通指标个数 K。x_{ij} 表示第 i 年的第 j 个高速交通指标，y_{iq} 表示第 i 年的第 q 个区域协调发展指标，$w_t = (w_1, w_2, \cdots, w_k)^T$ 为高速交通指标的权重，$w_r = (w_1, w_2, \cdots, w_l)^T$ 为区域协调发展指标权重。第 i 年的评估效率指数计算公式如下：

$$h_i = \frac{\sum_{q=1}^{l} w_{r(q)} y_{iq}}{\sum_{j=1}^{k} w_{t(j)} x_{ij}} = \frac{w_r^T Y_i}{w_t^T X_i} \qquad\qquad (6-30)$$

其中，h_i 表示第 i 年河北省高速交通系统与区域协调发展系统的投入产出效率指数，$X_i = (x_{i1}, x_{i2}, \cdots, x_{ik})^T$ 和 $Y_i = (y_{i1}, y_{i2}, \cdots, y_{il})^T$ 分别表示第 i 年高速交通、区域协调发展指标向量，$w_r^T Y_i$ 表示第 i 年河北省区域协调发展综合值，$w_t^T X$ 表示第 i 年河北省高速交通的综合值。

以第 i 个决策单元的效率值作为目标函数，以其他决策单元为参考值计算协调度，公式如下：

$$\begin{cases} \max \dfrac{w_r^T Y_{i_0}}{w_t^T X_{i_0}} \\[2mm] \text{s. t.} \quad h_i = \dfrac{w_r^T Y_i}{w_t^T X_i} \leqslant 1, i = 1, 2, \cdots, n \\[2mm] A w_t \geqslant 0, \ B w_r \geqslant 0 \\[2mm] w_t \geqslant 0, \ w_r \geqslant 0 \end{cases} \qquad (6-31)$$

其中，A 和 B 分别为高速交通、区域协调发展的权重系数矩阵。

对式（6-31）进行 Charnes-Cooper 变换，令 $t = 1/w_t^T x_{i_0}$，$\omega = tw_t$，$\mu = tw_r$，其中，参数 ω、μ 分别为 k 维与 l 维向量，即 $\omega = (tw_{t1}, tw_{t2}, \cdots, tw_{tk})^T$，$\mu = (tw_{r1}, tw_{r2}, \cdots, tw_{rl})^T$，上述模型转化成等价线性规划问题可得出：

$$
\begin{cases}
\max \; w_r^T Y_{i_0} \\
\text{s. t.} \quad \omega^T X_i - \mu^T Y_i \geqslant 0, i = 1, 2, \cdots, n \\
\omega^T X_{i_0} = 1 \\
A\omega \geqslant 0, \; B\mu \geqslant 0 \\
\omega \geqslant 0, \; \mu \geqslant 0
\end{cases}
\tag{6-32}
$$

根据对偶理论将式（6-32）变换为对偶模型：

$$
\begin{cases}
\min \theta_{i_0}(\text{Tr}/\text{Rc}) \\
\text{s. t.} \quad \displaystyle\sum_{i=1}^{n} \lambda_i y_{iq} + \sum_{i'}^{l} b_{i'} \eta_{i'} - s^+ = Y_{i_0}, \; q = 1, 2, \cdots, l \\
\displaystyle\sum_{i=1}^{n} \lambda_i x_{ij} + \sum_{i'}^{k} a_{i'} \eta_{i'} + s^- = \theta_{i_0}(\text{Tr}/\text{Rc}) X_{i_0}, \; j = 1, 2, \cdots, k \\
\lambda \geqslant 0, \; \eta \geqslant 0, \; s^+ \geqslant 0, \; s^- \geqslant 0
\end{cases}
$$

$$\tag{6-33}$$

以高速交通指标为投入，区域协调发展指标为产出，利用上述模型可以得到第 i 年的高速交通对区域协调发展的效率指数 $\theta_i(\text{Tr}/\text{Rc})$。$\theta_{i_0}(\text{Tr}/\text{Rc})$ 表示第 i_0 年高速交通对经济的有效程度。

根据有效程度，可以定义交通与经济的协调程度。根据 $\theta(\text{Tr}/\text{Rc})$ 建立协调函数表示系统对协调的隶属程度为：

$$\mu(\alpha) = \alpha \tag{6-34}$$

根据式（6-34）中 $\mu(\alpha) = \alpha$ 可得，高速交通与区域发展的协调程度 $\mu_i(\text{Tr}/\text{Rc}) = \theta_i(\text{Tr}/\text{Rc})$，计算可得每一年高速交通和区域发展协调度。

6.4.3　耦合协调度阶段划分

借鉴王明杰（2020）和韩书成（2020）等学者的研究成果，将区域协调发展系统和高速交通系统的耦合协调度划分为十个区间，将耦合协调关系分为以下十个等级，耦合协调度的具体划分标准和划分类型如表 6 – 5 所示。

表 6 – 5　　　　　　　　　耦合协调度等级划分标准

耦合协调度 D 值区间	协调等级	耦合协调程度	耦合协调度 D 值区间	协调等级	耦合协调程度
$(0.0 \sim 0.1)$	1	极度失调	$[0.5 \sim 0.6)$	6	勉强协调
$[0.1 \sim 0.2)$	2	严重失调	$[0.6 \sim 0.7)$	7	初级协调
$[0.2 \sim 0.3)$	3	中度失调	$[0.7 \sim 0.8)$	8	中级协调
$[0.3 \sim 0.4)$	4	轻度失调	$[0.8 \sim 0.9)$	9	良好协调
$[0.4 \sim 0.5)$	5	濒临失调	$[0.9 \sim 1.0)$	10	优质协调

6.5　本章小结

　　本章分析了高速公路和高速铁路对区域发展空间的影响以及高速铁路与区域协调发展相互作用机制，分别构建了高速公路和高速铁路的评价指标体系，通过交通规模、交通结构、交通功能三个方面评价高速交通的综合发展水平；介绍了综合评价指标的计算方法，对层次分析法进行改进，并与熵值法相结合，提出了改进的组合加权模型 AHP – 熵值法。最后，本章建立了测度区域发展与高速交通耦合协调性的耦合协调模型。

第7章

河北省区域协调发展与高速
交通网络耦合协调性研究

　　我国区域协调发展与交通运输间的耦合关系处于逐步解耦的过程中，但解耦将是比较长期的过程，甚至会阶段性强化，因此交通运输增速和区域协调发展之间仍具有较强的相关性。本章在第5章和第6章研究基础之上，首先对河北省区域发展和高速交通的发展现状进行了分析；其次对河北省区域协调发展系统和高速交通系统进行时间和空间差异上的耦合协调度研究，根据研究结果探析河北省区域协调发展系统和高速公路、河北省区域协调发展系统和高速铁路之间的耦合协调关系在时间序列中的变化过程以及空间差异特性。

7.1　河北省区域发展和高速交通现状分析

7.1.1　河北省简介①

　　河北省，简称"冀"，是中华人民共和国省级行政区，省会石家庄，河北在战国时期大部分属于赵国和燕国，所以河北又被称为燕赵之地。河北省位于东经113°27′~119°50′，北纬36°05′~42°40′。河北省环抱首都北京，东

――――――――――

　　①　河北概况［EB/OL］. 中国政府网，2023 - 02 - 25.

与天津市毗连并紧傍渤海，东南部、南部接山东省、河南省，西倚太行山与山西为邻，西北部、北部与内蒙古自治区交界，东北部与辽宁省接壤，总面积 18.88 万平方千米。河北省下辖石家庄、唐山、秦皇岛、邯郸、邢台、保定、张家口、承德、沧州、廊坊、衡水 11 个设区地级市，共 167 个县（市、区），其中，市辖区 49 个、县级市 21 个、县 91 个、自治县 6 个；2254 个乡镇（街道、区公所），其中，街道 310 个、镇 1287 个、乡 617 个、民族乡 39 个、区公所 1 个。截至 2022 年末，河北省常住人口 7420 万人。

河北省是兼有高原、山地、丘陵、平原、湖泊和海滨的省份，是中国重要的粮棉产区。经初步核算，2022 年全省生产总值实现 42370.4 亿元。工业生产中的一些行业和产品在中国居重要地位。河北省地处中原地区，文化博大精深，自古有"燕赵多有慷慨悲歌之士"之称，是英雄辈出的地方。

河北省地处华北，漳河以北，东临渤海、内环京津，西为太行山地，北为燕山山地，燕山以北为张北高原，其余为河北平原，海岸线长 487 公里，有世界文化遗产 3 处、国家级历史文化名城 5 座、中国优秀旅游城市 4 座。河北省是中华民族的发祥地之一，在战国时期大部分属于赵国和燕国，所以又被称为燕赵之地，地处温带大陆性季风气候，是中国重要的粮棉产区。

河北省地势西北高、东南低，由西北向东南倾斜。地貌复杂多样，高原、山地、丘陵、盆地、平原类型齐全，有坝上高原、燕山和太行山山地、河北平原三大地貌单元。坝上高原属蒙古高原的一部分，地形南高北低，平均海拔 1200 ~ 1500 米，面积 15954 平方公里，占全省总面积的 8.5%。燕山和太行山山地，包括中山山地区、低山山地区、丘陵地区和山间盆地 4 种地貌类型，海拔多在 2000 米以下，高于 2000 米的孤峰类有10 余座，其中小五台山高达 2882 米，为全省最高峰。山地面积 90280 平方公里，占全省总面积的 48.1%。河北平原区是华北大平原的一部分，按其成因可分为山前冲洪积平原、中部中湖积平原区和滨海平原区 3 种地貌类型，全区面积 81459 平方公里，占全省总面积的 43.4%。

7.1.2 河北省区域发展概况

本章节主要研究河北省发展状况，因此，选择河北省经济、社会、生态环境、公共服务及高速交通作为研究样本。各个变量数据均来自 2004 ~ 2018 年《河北国民经济年鉴》、《中国统计年鉴》、河北省及地级市发布的《国民经济和社会发展报告》等，对数据进行总结、归纳和分析，并得出相关结论。

1. 经济概况

河北省经济发展呈现欣欣向荣的新局面，经济发展迅速，经济总量持续跃升，整体上呈现稳定增长的趋势，河北省生产总值及增速如图 7 - 1 所示。从图 7 - 1 可以看出，河北省生产总值增速总体呈现先上升后下降的趋势，除 2007 年、2014 年个别年份低于全国增速外，其他年份均高于全国增速或与全国持平。河北省生产总值增速在 2010 年开始呈现下降趋势，2018 年和最高增速所在的 2005 年相比，增速回落明显，但 2018 年的生产总值已发展为 2005 年的 3.6 倍，经济发展在全国处于中上游水平。

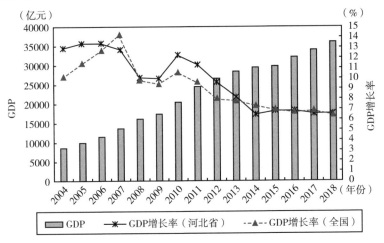

图 7 - 1　2004 ~ 2018 年河北省生产总值及增速

2018 年，河北省产业体系打破了以往的产业结构。第一产业的比重由 2004 年的 15.63% 降为 2018 年的 9.27%；2018 年第二产业比重相比 2004 年下降了 8.32%，为 44.54%；第三产业比重上升了 14.68%，占比达 46.19%，超越第二产业占比。河北省历史性的"三二一"产业结构格局首次呈现。河北省产业结构变化情况和各产业增加值构成分别如图 7 - 2 和图 7 - 3 所示。

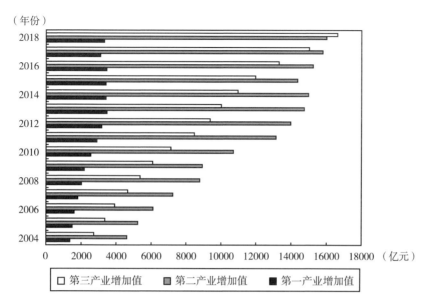

图 7-2 2004~2018 年河北省产业结构变化情况

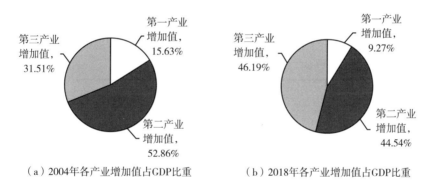

（a）2004年各产业增加值占GDP比重　　　（b）2018年各产业增加值占GDP比重

图 7-3 河北省各产业增加值构成

2. 社会概况

河北省居民生活水平发展迅速，如图7-4所示。城镇和农村居民收入都得到很大提升，截至2018年，城镇和农村的收入都有了显著提升，每人收入均超过了1万美元，这一成就为社会发展带来了积极的影响，实现了翻倍增长，人民生活质量明显提高。

河北省人口发展总体稳定但伴有波动，出生率、死亡率、自然增长率指标均处于平稳发展状态，如图7-5所示。从2004~2018年，人口出生

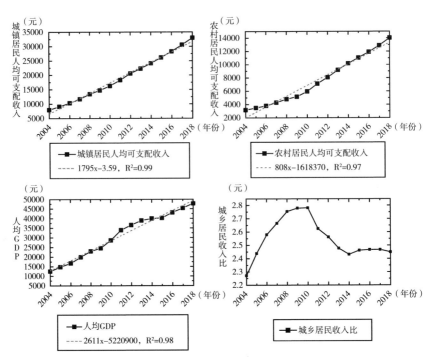

图 7 - 4 2004~2018 年河北省城乡居民生活水平状况

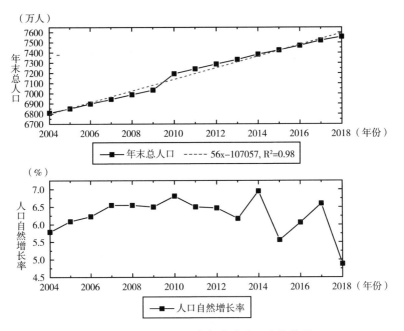

图 7 - 5 2004~2018 年河北省人口变化情况

率维持在 11‰~14‰，而死亡比例则稳定降低。2018 年人口自然增长率为 4.88‰，比 2004 年稍有回落。劳动人口占总人口比重稳定在 2/3 左右，人均财政教育支出从 2004 年的百元增长至 2018 年的千元，人口质量和受教育水平逐步提高。

3. 生态环境概况

河北省生态环境状况持续改善，建成区绿化覆盖率整体保持增长趋势，2004～2018 年之间虽有上下浮动，2006 年处于偏低水平，至 2010 年始终保持增长趋势，2009 年突破 40%，如图 7-6 所示。2004～2018 年，植树造林步伐逐步加快，森林覆盖率从 19.5% 提高到 34%。

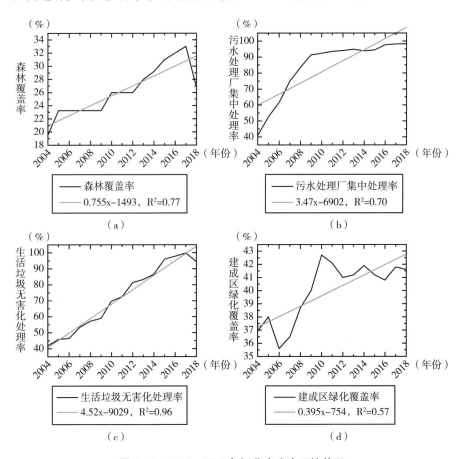

图 7-6 2004～2018 年河北省生态环境状况

　　河北省的污染物排放量已经得到了有效控制，工业生产二氧化硫和废水的排放量也跟着时光的推移而减少。此外，河北省对城市污水和日常生活废弃物的处理也在提高，生态环境治理和维护的力量也在不断加大。2004～2018 年，河北省水资源总量和工业二氧化硫排放量如图 7 - 7 所示。

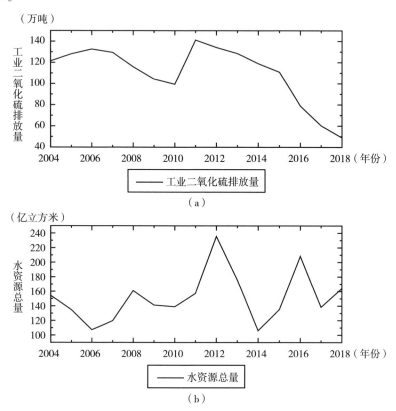

图 7 - 7　2004～2018 年河北省水资源总量和工业二氧化硫排放量

4. 公共服务概况

　　河北省公共服务水平在各方面提升明显，医院数逐年增加表明医疗卫生水平提高；教育能力不断增强，在校大学生数逐年增加，自 2004～2018 年，在校大学生数由 697440 人增加至 1342631 人，人数增加将近 1 倍，如图 7 - 8 所示。财政用于教育支出也由 2004 年的 142.4 亿元增加至 2018 年的 1442.82 亿元，2018 年相比 2004 年增长 9 倍。

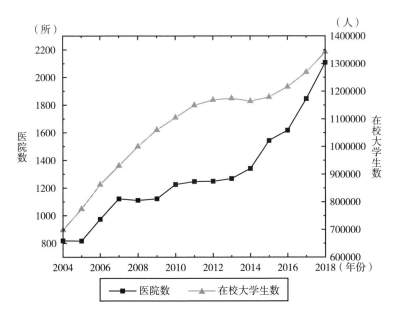

图 7 - 8　2004 ~ 2018 年河北省医院数和在校大学生数变化情况

7.1.3　河北省高速交通概况 *

1. 基础设施

河北省位于京津一带和渤海地区之间，有着独特的地理环境，使其成为连接华东、华南、西南"三北"区域的主要纽带，也是全国主要的交通运输枢纽，有着完备的现代交通网络系统，构成了南北向贯通的大交通布局。

河北省公路里程持续增加，2018 年，公路总里程增加到 19.32 万公里，居全国第十一位，与 2004 年相比，增加了 12.3 万公里，河北省公路里程增长趋势如图 7 - 9 所示。在 2018 年，河北省的高速公路密度达到了 3.86 公里/百平方公里，是 2004 年河北省高速公路密度的 4.26 倍，如图 7 - 10 所示。

---

* 本部分内容涉及各个变量数据均来自 2004 ~ 2018 年《河北国民经济年鉴》、《中国统计年鉴》、河北省及地级市发布的《国民经济和社会发展报告》等。

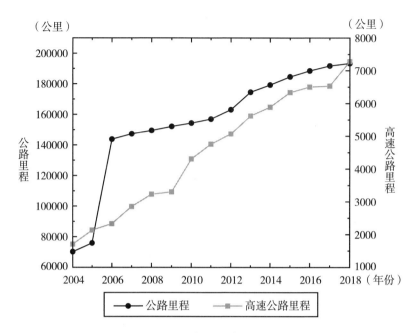

图 7－9 2004～2018 年河北省公路里程增长趋势

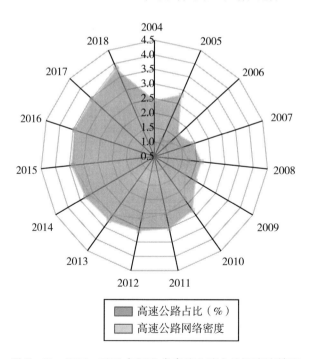

图 7－10 2004～2018 年河北省高速公路占比和密度情况

在 2018 年，河北省的高速总里程数超过了 7279 公里，普通干道路面总里程数超过了 19000 公里，其中二类及上述路面的比例超过了 88.8%。河北省高速公路路网密度自 2004 年开始，始终保持稳定增长，高速公路占比从 2004 年的 2.4 提高到 2018 年的 3.8，增长了 1.4 个百分点。

2. 运输服务水平

河北省交通基础设施的日益完善使运输服务水平逐渐提高。自 2004 年开始，公路客运量在 2004～2013 年整体呈现增加趋势，只在 2009 年公路客运量出现减少的迹象，又自 2014 年后开始下降并趋于稳定；公路货运量逐年增加，自 2013 年达到最大值，随后开始有所下降，但整体保持稳定。公路客运周转量和公路货运周转量反映了一定时期内运输工作总量。由图 7 - 11 可知，公路货运周转量逐年增加，2018 年达到 15 年来的最大值 8550 亿吨公里。

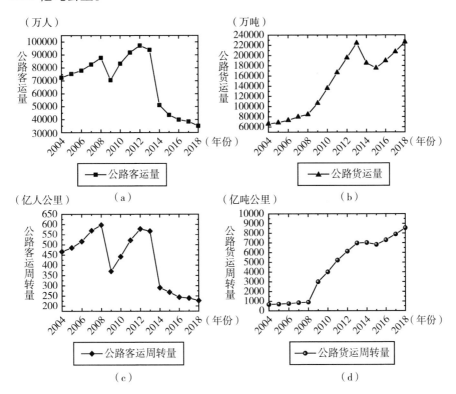

图 7 - 11　2004～2018 年河北省运输能力情况

3. 运输装备数量

河北省公路运输汽车装备数量逐年增加，2004~2018 年，民用汽车拥有量和私人汽车拥有量平稳增长，无较大波动起伏。15 年间，民用汽车由 2004 年的 180.9 万辆增长至 2018 年的 1529.9 万辆，2018 年是 2004 年民用汽车数量的 8.46 倍。2004~2018 年，私人汽车拥有量实现了跨越式发展，由 2004 年的 112.6 万辆跃升至 2018 年的 1411.5 万辆，增速最大的年份为 2009 年，同比增速达 30%。2016 年私人汽车增长量超过百万辆，成为增长幅度最大的年份。2018 年底河北省公路营运汽车拥有量达到 138.2 万辆，与 2004 年相比增长了一倍。各装备数量如图 7-12 所示。

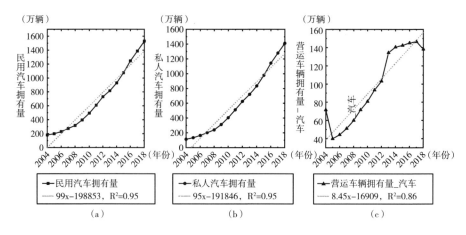

图 7-12 2004~2018 年河北省运输装备数量

河北省区域协调和高速公路发展水平的时空特征

7.2.1 数据来源及处理说明

为了保证后续研究结果的真实性和科学性，在选择数据时就要求保证数据的准确性和权威性。本章节研究数据来源于河北省政府官网，涵盖了 2004~2018 年《河北国民经济年鉴》《中国统计年鉴》《中华人民共和国城市建设统计资料年鉴》《中华人民共和国都市建设工程统计资料年鉴》，以及河北省及地级市发布的《国民经济和社会发展报告》，为读者提供了丰富的信息，有助于更好地理解河北省的经济发展状况。出于对指标一致性的考虑，同一指标的来源保持一致，少数缺失值根据公报进行补齐。

本章从省域和市域两个角度出发，首先以河北省整体角度对区域发展和高速公路的综合发展水平进行分析，其次从地级市角度分析区域协调发展和高速公路的综合发展水平。本书有两组数据，分别是 2004~2018 年河北省时间序列数据、2004~2018 年地级市面板数据。不同的研究角度所选的数据不同，以省域为研究对象时，使用时间序列数据；以地级市为研究对象时，使用各指标的面板数据。在此需要说明的是，省域和市域得到的综合评价指数不存在可比性，前者主要用于河北省区域发展与高速公路的时序发展演变分析；后者主要用于河北省区域发展与高速公路的空间发展差异分析。

7.2.2 区域发展水平的时空特征

1. 指标权重的计算

根据第 6.3 章节给出的改进的层次分析法步骤，依据构建的指标体系数据，计算样本标准差 S（i）和重要性标度 b_{ij} 构造判断矩阵，进行单排序和一致性检验，得到河北省区域发展的各评价指标主观权重，如表 7-1 所示。

表 7-1 河北省区域协调发展评价指标主观权重

	准则层	准则层权重	指标层	指标层权重	总权重
区域协调发展指标体系	经济子系统	0.4530	农村居民人均可支配收入	0.2694	0.1220
			城镇登记失业率	0.2435	0.1103
			第三产业增加值占 GDP 比重	0.2435	0.1103
			GDP 增长率	0.2436	0.1103
	社会子系统	0.1405	城乡居民收入比	0.1904	0.0268
			城市化率	0.1904	0.0268
			人均财政教育支出	0.1940	0.0273
			教育经费占 GDP 比重	0.1904	0.0268
			公园绿地面积	0.2347	0.0330

续表

	准则层	准则层权重	指标层	指标层权重	总权重
区域协调发展指标体系	生态环境子系统	0.3204	建成区绿化覆盖率	0.0510	0.0163
			工业二氧化硫排放量	0.7958	0.2549
			污水处理厂集中处理率	0.0511	0.0164
			生活垃圾无害化处理率	0.0511	0.0164
			水资源总量	0.0511	0.0164
	公共服务子系统	0.0861	人均城市道路面积	0.1066	0.0092
			城市用水普及率	0.1066	0.0092
			医院数	0.1075	0.0093
			在校大学生数	0.6792	0.0585

根据第 6.3 章节给出的熵值法步骤，计算指标的熵值 e_j 和差异性系数 d_j，得到客观权重，如表 7 - 2 所示。最后采用最小二乘法进行组合赋权，得到综合权重如表 7 - 3 所示。高速公路及各地级市的权重计算均遵循此步骤。

表 7 - 2 　　　　　　　　河北省区域协调发展评价指标客观权重

	准则层	准则层权重	指标层	指标层权重	总权重
区域协调发展指标体系	经济子系统	0.2694	农村居民人均可支配收入	0.3077	0.0829
			城镇登记失业率	0.2262	0.0610
			第三产业增加值占 GDP 比重	0.2536	0.0683
			GDP 增长率	0.2124	0.0572
	社会子系统	0.2746	城乡居民收入比	0.1721	0.0473
			城市化率	0.0965	0.0265
			人均财政教育支出	0.2759	0.0758
			教育经费占 GDP 比重	0.2454	0.0674
			公园绿地面积	0.2102	0.0577
	生态环境子系统	0.2827	建成区绿化覆盖率	0.1423	0.0402
			工业二氧化硫排放量	0.2920	0.0826
			污水处理厂集中处理率	0.1034	0.0292
			生活垃圾无害化处理率	0.2195	0.0621
			水资源总量	0.2429	0.0687
	公共服务子系统	0.1732	人均城市道路面积	0.3005	0.0521
			城市用水普及率	0.0948	0.0164
			医院数	0.3942	0.0683
			在校大学生数	0.2104	0.0365

表 7 - 3 河北省区域协调发展评价指标综合权重

	准则层	准则层权重	指标层	指标层权重	总权重
区域协调发展指标体系	经济子系统	0.3612	农村居民人均可支配收入	0.2886	0.1025
			城镇登记失业率	0.2349	0.0856
			第三产业增加值占 GDP 比重	0.2486	0.0893
			GDP 增长率	0.2280	0.0838
	社会子系统	0.2076	城乡居民收入比	0.1680	0.0370
			城市化率	0.1641	0.0266
			人均财政教育支出	0.2590	0.0515
			教育经费占 GDP 比重	0.2211	0.0471
			公园绿地面积	0.1879	0.0454
区域协调发展指标体系	生态环境子系统	0.3075	建成区绿化覆盖率	0.1170	0.0283
			工业二氧化硫排放量	0.3854	0.1687
			污水处理厂集中处理率	0.0871	0.0228
			生活垃圾无害化处理率	0.1472	0.0392
			水资源总量	0.2633	0.0425
	公共服务子系统	0.1567	人均城市道路面积	0.2129	0.0306
			城市用水普及率	0.1065	0.0128
			医院数	0.4346	0.0388
			在校大学生数	0.2461	0.0475

2. 河北省区域协调发展时序分析

根据上述计算所得权重，可根据综合函数法计算河北省 2004～2018 年区域协调发展水平，如图 7 - 13 所示。

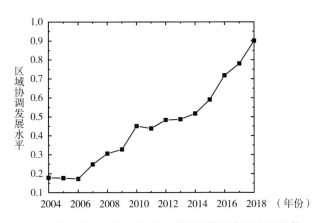

图 7 - 13　2004～2018 年河北省区域协调发展水平趋势

由图 7 - 13 可以看出，河北省区域协调发展水平 2004～2018 年经历了平稳上升趋势，区域协调发展水平提升明显。从区域协调发展水平曲线可以看出，河北省区域协调发展水平在不同时期表现出不同的发展水平。2004～2006 年，曲线斜率平缓，协调发展水平指数基本没有变化，说明发展趋势平缓且较为稳定。2007～2010 年，曲线斜率明显变陡，区域协调发展水平指数开始有很大提高，从 2007 年的 0.249 增长到 2010 年的 0.450，增长速度为 80.7%。2011 年相比 2010 年虽稍有下降，但从 2011 年开始，区域协调发展水平始终保持上升趋势。2014 年综合发展水平突破 0.5，此后 4 年间，协调发展水平上升趋势最为明显，增长了 0.38。

3. 地级市区域协调发展水平空间分析

为更好地从空间角度分析河北省区域协调发展水平的空间差异，增加了对河北省地级市的区域协调发展水平分析。

地市级层面区域发展指标权重和区域发展水平分别如表 7 - 4、表 7 - 5、表 7 - 6 和表 7 - 7 所示。

表 7 - 4　　　　　　　　**地级市区域协调发展评价指标主观权重**

	准则层	准则层权重	指标层	指标层权重	总权重
区域协调发展指标体系	经济子系统	0.4530	农村居民人均可支配收入	0.4113	0.1863
			城镇登记失业率	0.1961	0.0889
			第三产业增加值占 GDP 比重	0.1964	0.0890
			GDP 增长率	0.1962	0.0889
	社会子系统	0.1405	城乡居民收入比	0.1859	0.0261
			城市化率	0.1864	0.0262
			人均财政教育支出	0.2282	0.0321
			教育经费占 GDP 比重	0.1860	0.0261
			公园绿地面积	0.2134	0.0300
	生态环境子系统	0.3204	建成区绿化覆盖率	0.0510	0.0163
			工业二氧化硫排放量	0.7957	0.2549
			污水处理厂集中处理率	0.0511	0.0164
			生活垃圾无害化处理率	0.0512	0.0164
			水资源总量	0.0510	0.0163

续表

	准则层	准则层权重	指标层	指标层权重	总权重
区域协调发展指标体系	公共服务子系统	0.0861	人均城市道路面积	0.1143	0.0098
			城市用水普及率	0.1143	0.0098
			医院数	0.1156	0.0099
			在校大学生数	0.6558	0.0564

表 7 – 5　　　　地级市区域协调发展评价指标客观权重

	准则层	准则层权重	指标层	指标层权重	总权重
区域协调发展指标体系	经济子系统	0.2432	农村居民人均可支配收入	0.3822	0.0930
			城镇登记失业率	0.2462	0.0599
			第三产业增加值占 GDP 比重	0.2488	0.0605
			GDP 增长率	0.1229	0.0299
	社会子系统	0.3480	城乡居民收入比	0.0346	0.0120
			城市化率	0.1401	0.0488
			人均财政教育支出	0.3036	0.1057
			教育经费占 GDP 比重	0.1816	0.0632
			公园绿地面积	0.3401	0.1183
	生态环境子系统	0.1517	建成区绿化覆盖率	0.2209	0.0335
			工业二氧化硫排放量	0.1485	0.0225
			污水处理厂集中处理率	0.1072	0.0163
			生活垃圾无害化处理率	0.0714	0.0108
			水资源总量	0.4521	0.0686
	公共服务子系统	0.2571	人均城市道路面积	0.1149	0.0295
			城市用水普及率	0.0187	0.0048
			医院数	0.2148	0.0552
			在校大学生数	0.6516	0.1675

表7-6 地级市区域协调发展评价指标综合权重

准则层	准则层权重	指标层	指标层权重	总权重
经济子系统	0.3482	农村居民人均可支配收入	0.3968	0.1397
		城镇登记失业率	0.2212	0.0744
		第三产业增加值占GDP比重	0.2226	0.0747
		GDP增长率	0.1595	0.0594
社会子系统	0.2444	城乡居民收入比	0.1103	0.0191
		城市化率	0.1633	0.0375
		人均财政教育支出	0.2659	0.0689
		教育经费占GDP比重	0.1838	0.0447
		公园绿地面积	0.2768	0.0742
生态环境子系统	0.236	建成区绿化覆盖率	0.1359	0.0249
		工业二氧化硫排放量	0.4721	0.1387
		污水处理厂集中处理率	0.0792	0.0163
		生活垃圾无害化处理率	0.0613	0.0136
		水资源总量	0.2515	0.0425
公共服务子系统	0.1716	人均城市道路面积	0.1146	0.0197
		城市用水普及率	0.0665	0.0073
		医院数	0.1652	0.0326
		在校大学生数	0.6537	0.1120

区域协调发展指标体系

表7-7 2004~2018年各地级市区域发展综合水平

年份	石家庄	承德	张家口	秦皇岛	唐山	廊坊	保定	沧州	衡水	邢台	邯郸
2004	0.2465	0.2358	0.1773	0.1964	0.1899	0.1726	0.2529	0.2113	0.2356	0.1857	0.1906
2005	0.2531	0.2766	0.1855	0.1878	0.2110	0.1861	0.2125	0.2346	0.2273	0.1974	0.2236
2006	0.2452	0.2662	0.2015	0.2316	0.2128	0.2176	0.1492	0.2360	0.1409	0.2362	0.1953
2007	0.3007	0.2430	0.2223	0.2675	0.2837	0.2475	0.2292	0.2672	0.2098	0.2873	0.2524
2008	0.3317	0.2994	0.3333	0.2863	0.3400	0.3225	0.2902	0.3354	0.2790	0.3250	0.3010
2009	0.3734	0.3603	0.3638	0.3204	0.3923	0.3671	0.2977	0.4105	0.3621	0.3745	0.3501
2010	0.4505	0.4534	0.4822	0.3923	0.4582	0.3920	0.3844	0.4574	0.3995	0.4753	0.4338
2011	0.4527	0.4198	0.4560	0.3638	0.4095	0.3574	0.3804	0.3885	0.4371	0.4865	0.4463
2012	0.4867	0.5503	0.4704	0.4780	0.4895	0.4402	0.3531	0.4300	0.4724	0.5227	0.5057
2013	0.4873	0.5532	0.4837	0.4475	0.4643	0.3621	0.4406	0.4649	0.4877	0.5254	0.5593
2014	0.5264	0.5694	0.5348	0.5531	0.5239	0.4124	0.4103	0.5354	0.5600	0.5317	0.5961

年份	石家庄	承德	张家口	秦皇岛	唐山	廊坊	保定	沧州	衡水	邢台	邯郸
2015	0.6085	0.6499	0.7126	0.6193	0.5987	0.6086	0.5595	0.6141	0.6355	0.6004	0.6436
2016	0.7072	0.7038	0.7082	0.7479	0.6586	0.6761	0.6495	0.7054	0.6292	0.6771	0.7191
2017	0.7963	0.7960	0.8024	0.7985	0.7321	0.7616	0.6926	0.7654	0.7759	0.8560	0.7697
2018	0.8094	0.8248	0.8451	0.8167	0.8775	0.8255	0.7877	0.8449	0.7859	0.8600	0.7920

由表7-7可知，2004~2018年，河北省各地级市的区域协调发展水平整体保持较为一致的稳步增长趋势。除个别城市在个别年份与其他地级市之间出现较大差距外，各地级市之间整体差距较小。整体来看，全省区域协调发展水平较好的地级市为石家庄，2004~2018年整体区域发展水平均值在各地级市中保持较高水平，发展水平也较为稳定，波动较小。

河北省各地级市区域协调发展综合水平随着时间的推移大致经历了三个不同的阶段。

低水平发展阶段，2004~2008年，河北省各地级市的区域协调发展综合水平均处于低水平发展阶段，其中衡水市的区域协调发展综合水平在各地级市之中最低。从2009年开始，河北省11个地级市区域协调综合发展水平处于低水平发展阶段的地级市减少至零。可以看出随着时间的增长，河北省各地级市的区域协调综合发展水平逐渐提升。

中等水平发展阶段，2004~2008年，没有地级市处于中等水平发展阶段。2009~2013年，除保定、廊坊、秦皇岛三市外，其余各地级市均处在中等水平发展阶段。保定、廊坊、秦皇岛三市相比上一个时间节点，虽然综合发展水平有所上升，但仍处于较低水平发展阶段。

高水平发展阶段，2004~2008年和2009~2013年这两个时间阶段各地级市均未达到高水平发展阶段，2014~2018年各地级市均达到区域协调发展高水平阶段，各地级市中区域协调发展综合水平最高的城市为张家口。

7.2.3　高速公路发展水平的时空特征

1. 指标权重的计算

根据上文构建的指标体系结果和所给出的指标权重计算公式，得到河北省高速公路的各评价指标权重，如表7-8、表7-9和表7-10所示。

表7-8　　　　　　　　河北省高速公路评价指标主观权重

	准则层	准则层权重	指标层	指标层权重	总权重
高速公路指标体系	交通规模	0.5396	公路里程	0.7438	0.4013
			高速公路里程	0.1381	0.0745
			交通运输业从业人员	0.1181	0.0637
	交通结构	0.1634	高速公路网络密度	0.3333	0.0545
			高速公路占比	0.3333	0.0545
			交通运输人员占就业人员比重	0.3333	0.0545
	交通功能	0.2970	公路客运量	0.7455	0.2214
			公路货运量	0.0774	0.0230
			公路客运周转量	0.1003	0.0298
			公路货运周转量	0.0768	0.0228

表7-9　　　　　　　　河北省高速公路评价指标客观权重

	准则层	准则层权重	指标层	指标层权重	总权重
高速公路指标体系	交通规模	0.2307	公路里程	0.1219	0.0281
			高速公路里程	0.5765	0.1330
			交通运输业从业人员	0.3017	0.0696
	交通结构	0.2568	高速公路网络密度	0.5178	0.1330
			高速公路占比	0.3354	0.0861
			交通运输人员占就业人员比重	0.1468	0.0377
	交通功能	0.5125	公路客运量	0.2976	0.1525
			公路货运量	0.2366	0.1212
			公路客运周转量	0.3300	0.1691
			公路货运周转量	0.1358	0.0696

表7-10　　　　　　　　河北省高速公路评价指标综合权重

	准则层	准则层权重	指标层	指标层权重	总权重
高速公路指标体系	交通规模	0.3852	公路里程	0.4328	0.2147
			高速公路里程	0.3573	0.1038
			交通运输业从业人员	0.2099	0.0667
	交通结构	0.2101	高速公路网络密度	0.4256	0.0937
			高速公路占比	0.3344	0.0703
			交通运输人员占就业人员比重	0.2401	0.0461
	交通功能	0.4047	公路客运量	0.5215	0.1869
			公路货运量	0.1570	0.0721
			公路客运周转量	0.2152	0.0995
			公路货运周转量	0.1063	0.0462

2. 河北省高速公路发展时序分析

根据上述计算所得权重，可根据综合函数法计算河北省2004~2018年高速公路发展综合发展水平，如图7-14所示。

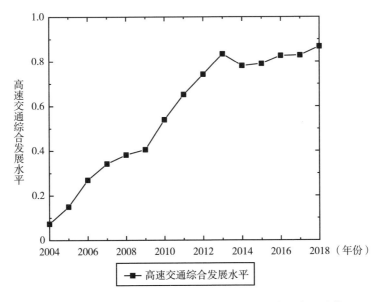

图7-14　2004~2018年河北省高速公路综合发展水平趋势

由图 7 - 14 可知，2004 ~ 2018 年，河北省高速公路综合发展水平基本上以逐年递增的状态发展，只在 2014 年和 2015 年综合发展水平有小幅度的下降，高速公路综合发展水平明显提高。从高速公路综合发展水平曲线可以看出，河北省高速公路综合发展水平在不同的时间阶段呈现不同的发展水平。2004 ~ 2009 年，河北省高速公路综合评价水平处于加速增长状态，综合评价水平从 0.07 上升至 0.41，增长速度较快。2010 ~ 2013 年，河北省高速公路综合评价水平曲线斜率在整条曲线中处于最陡的阶段。这一时期的高速公路综合水平比上一阶段增长速度更快，由 0.41 上升至 0.83，综合发展也在这一时期提升至较高水平。这是由于在此期间，河北省全力推进高速公路建设，推动公路基础设施全面发展。2013 ~ 2018 年，河北省高速公路发展水平明显放缓，处于平稳上升时期，但综合评价处于较高水平。

3. 地级市高速公路发展空间分析

为更好地从空间角度分析河北省高速公路发展水平的空间差异，增加了对河北省地级市的高速公路发展水平分析。地市级层面高速公路指标权重如表 7 - 11 ~ 表 7 - 13 所示。

表 7 - 11　　　　　　　　地级市高速公路评价指标主观权重

	准则层	准则层权重	指标层	指标层权重	总权重
高速公路指标体系	交通基础规模	0.5396	公路里程	0.7241	0.3907
			高速公路里程	0.1473	0.0795
			交通运输业从业人员	0.1285	0.0694
	交通结构	0.1634	高速公路网络密度	0.3334	0.0545
			高速公路占比	0.3333	0.0545
			交通运输人员占就业人员比重	0.3333	0.0545
	交通功能	0.2970	公路客运量	0.2496	0.0741
			公路货运量	0.5891	0.1749
			公路客运周转量	0.0758	0.0225
			公路货运周转量	0.0856	0.0254

表 7 – 12　　　　　　　　　地级市高速公路评价指标客观权重

准则层		准则层权重	指标层	指标层权重	总权重
高速公路指标体系	交通基础规模	0.2794	公路里程	0.2357	0.0659
			高速公路里程	0.2109	0.0589
			交通运输业从业人员	0.5534	0.1546
	交通结构	0.1677	高速公路网络密度	0.2696	0.0452
			高速公路占比	0.1642	0.0275
			交通运输人员占就业人员比重	0.5662	0.0949
	交通功能	0.5529	公路客运量	0.1910	0.1056
			公路货运量	0.2986	0.1651
			公路客运周转量	0.1411	0.0780
			公路货运周转量	0.3693	0.2042

表 7 – 13　　　　　　　　　地级市高速公路评价指标综合权重

准则层		准则层权重	指标层	指标层权重	总权重
高速公路指标体系	交通基础规模	0.4095	公路里程	0.4799	0.2283
			高速公路里程	0.1791	0.0692
			交通运输业从业人员	0.3410	0.1120
	交通结构	0.1656	高速公路网络密度	0.3015	0.0499
			高速公路占比	0.2487	0.0410
			交通运输人员占就业人员比重	0.4498	0.0747
	交通功能	0.4249	公路客运量	0.2203	0.0899
			公路货运量	0.4438	0.1700
			公路客运周转量	0.1084	0.0503
			公路货运周转量	0.2274	0.1148

　　由表 7 – 14 可知，2004～2018 年，不同于各地市在区域发展水平中展现的协调一致性，河北省各地级市的高速公路发展水平呈现较为明显的空间差异性。整体来看，全省高速公路发展水平较好的地级市为石家庄和唐山，石家庄保持着较为稳定的增长趋势，在 2004～2018 年的时间区间内呈现逐年增长的态势。唐山市的高速公路综合发展水平在相同的时间内和石家庄发展趋势大体一致，相同年份将二者高速公路综合发展水平进行比较，唐山市略好于石家庄市。石家庄市和唐山市，一个作为

河北省的省会城市，一个作为河北省的经济强市，都有着较强的资源优势，同样在高速公路发展水平上有着较为明显的体现。张家口市、廊坊市、衡水市高速公路发展水平的波动较小，比较稳定。承德市、保定市、沧州市高速公路综合发展水平自 2009 年开始基本在 0.6 左右浮动，发展同样较为稳定。

表 7 – 14　　　　2004 ~ 2018 年地级市高速公路评价综合发展水平

年份	石家庄	承德	张家口	秦皇岛	唐山	廊坊	保定	沧州	衡水	邢台	邯郸
2004	0.1166	0.2275	0.1820	0.4043	0.1273	0.1579	0.1917	0.1451	0.3171	0.2049	0.0911
2005	0.1731	0.2661	0.4213	0.3861	0.1408	0.2095	0.3293	0.2156	0.3107	0.2980	0.1570
2006	0.2122	0.4849	0.4541	0.6056	0.1920	0.3561	0.2969	0.3906	0.3361	0.3255	0.2193
2007	0.2637	0.5018	0.3896	0.6106	0.2878	0.4217	0.3472	0.4460	0.3693	0.3371	0.2809
2008	0.2927	0.5343	0.3491	0.6540	0.3298	0.4478	0.3888	0.4947	0.2783	0.3853	0.3719
2009	0.3054	0.5413	0.3358	0.4620	0.4189	0.4914	0.5041	0.5212	0.2205	0.4130	0.3429
2010	0.3450	0.6235	0.3564	0.4539	0.5086	0.5052	0.6349	0.6094	0.3873	0.4689	0.5516
2011	0.4450	0.6269	0.4261	0.4644	0.6028	0.5728	0.6457	0.6414	0.3982	0.5175	0.5930
2012	0.4668	0.6922	0.4794	0.6446	0.6438	0.6034	0.6843	0.6962	0.4292	0.5337	0.6583
2013	0.5697	0.8484	0.5355	0.6664	0.7815	0.6239	0.9108	0.7715	0.7838	0.7087	0.7923
2014	0.6418	0.6869	0.4621	0.5664	0.6784	0.6569	0.7557	0.6242	0.4681	0.5293	0.7752
2015	0.6860	0.5603	0.6263	0.6037	0.7706	0.6533	0.5637	0.5826	0.4989	0.6284	0.7501
2016	0.7212	0.5448	0.6313	0.5843	0.7802	0.6458	0.5661	0.6034	0.4506	0.6665	0.6518
2017	0.6830	0.5231	0.5915	0.6334	0.7444	0.7939	0.5486	0.5879	0.4429	0.6979	0.5981
2018	0.8182	0.5196	0.7386	0.6069	0.8471	0.7447	0.5358	0.5920	0.3979	0.6777	0.6709

纵观整体全局，各地级市高速公路综合发展水平逐渐提高，虽然一些城市的高速公路综合发展水平在某些年份有所回落，但是随即又恢复甚至超过原来的综合发展水平。随着区域协调综合发展水平的不断提升，高速公路综合发展也在不断演变，这一演变过程可以概括为：从低水平到中等水平，再到高水平，这一演变过程可以说是一个完整的发展历程。

低水平发展阶段为 2004 ~ 2008 年，高速公路处于低水平发展阶段的地级市包括石家庄、邯郸、唐山。2009 ~ 2013 年、2014 ~ 2018 年，高速公路水平没有处于低水平发展阶段城市，说明高速公路水平随时间的增长逐渐提高。

中等水平发展阶段为 2004～2008 年，高速公路处于中等水平发展阶段的地级市包括承德和秦皇岛。2009～2013 年，大部分城市的高速公路处于中等水平发展阶段，如石家庄、张家口、唐山、廊坊、衡水、邢台、邯郸。石家庄、唐山、廊坊的高速公路发展水准显著提升，从低水准跃升至中等水平，这一变化在全国范围内都是非常显著的。2014～2018 年，承德、秦皇岛、保定、沧州、衡水处于中等水平发展阶段。

高水平发展阶段为 2004～2008 年，河北省各地级市高速公路综合发展水平均未处在高水平发展阶段。2009～2013 年，承德、保定、沧州处于高水平发展阶段。2014～2018 年，石家庄、张家口、唐山、廊坊、邢台、邯郸高速公路水平处于高水平发展阶段，现阶段，除承德相比 2009～2013 年高速公路综合发展水平下降外，其余城市高速公路综合发展水平均有所增长。

7.3　河北省区域发展和高速公路耦合协调发展的时空特征

7.3.1　河北省区域发展和高速公路耦合协调发展时序特征分析

在从省域视角和市域视角分别分析了区域协调发展与高速公路综合发展水平之后，使用第 6 章建立的耦合协调模型，对河北省区域协调发展与高速公路时空耦合关系进行测算，分析 2004～2018 年河北省区域协调发展与高速公路耦合变化过程。河北省区域发展与高速公路耦合协调度结果如表 7-15 所示。

表 7-15　2004～2018 年河北省区域发展与高速公路耦合度、耦合协调度

年份	区域发展综合评价水平	高速公路综合评价水平	耦合度	耦合协调度	耦合阶段
2004	0.1793	0.0732	0.9073	0.3385	轻度失调
2005	0.1773	0.1498	0.9964	0.4037	濒临失调
2006	0.1730	0.2698	0.9758	0.4648	濒临失调

年份	区域发展综合评价水平	高速公路综合评价水平	耦合度	耦合协调度	耦合阶段
2007	0.2493	0.3427	0.9875	0.5407	勉强协调
2008	0.3060	0.3823	0.9938	0.5849	勉强协调
2009	0.3280	0.4058	0.9944	0.6040	初级协调
2010	0.4505	0.5398	0.9959	0.7022	中级协调
2011	0.4378	0.6525	0.9804	0.7311	中级协调
2012	0.4830	0.7427	0.9773	0.7739	中级协调
2013	0.4870	0.8342	0.9649	0.7984	中级协调
2014	0.5176	0.7812	0.9792	0.7974	中级协调
2015	0.5906	0.7907	0.9894	0.8267	良好协调
2016	0.7179	0.8264	0.9975	0.8776	良好协调
2017	0.7801	0.8286	0.9995	0.8967	良好协调
2018	0.9008	0.8681	0.9998	0.9404	优质协调

根据表 7-15 的分析，河北省区域发展与高速公路的耦合协调度在不断增加，从 2004 年开始，经历了一段时间的轻微失衡，随后又经历了勉强协调、初级协调和中级协调，最终形成了目前的状态。2015 年耦合协调度突破 0.8，河北省区域发展和高速公路达到良好协调阶段，耦合协调程度不断优化发展。在此期间，区域协调发展和高速公路综合评价水平不断提高和持续增长，是河北省区域发展和高速公路耦合协调程度能够不断优化发展的主要原因。2004 ～ 2006 年，区域发展和高速公路耦合协调度始终低于 0.5，处于轻度失调和濒临失调状态，在临近协调状态徘徊。2007 年区域发展和高速公路耦合协调度突破 0.5，也由濒临失调阶段转向勉强协调阶段。2010 年达到中级协调阶段，此后一直保持着耦合协调度均值 0.7 以上，2015 年开始步入良好协调阶段。由此可见，河北省区域发展和高速公路在 2004 ～ 2018 年十几年间是齐头并进式的发展。而进一步分析发现，2004 年、2005 年高速公路综合评价水平略低于区域发展综合评价水平，高速公路发展滞后于区域协调发展，2006 年之后到 2010 年，高速公路发展和区域协调发展综合评价指数基本相同甚至略高于区域协调发展，说明此阶段二者基本处在同步发展阶段。从前文二者的综合评价水平趋势图可以看出，二者曲线趋势走向基本一致。

根据耦合协调度计算结果，绘制出 2004～2018 年河北省耦合协调度变化趋势，如图 7-15 所示。

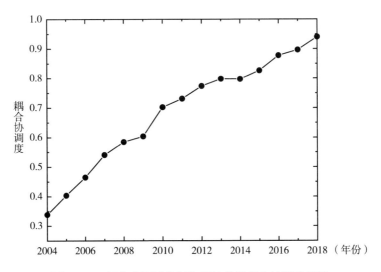

图7-15　河北省区域发展与高速公路耦合协调度趋势

由图 7-15 可知，2004～2018 年，河北省区域协调发展和高速公路耦合协调度逐年增长，由 2004 年的 0.34 增长到了 2018 年的 0.94，说明近十几年来，区域协调发展和高速公路不断优化。以耦合协调度为划分依据，2004～2018 年河北省耦合协调可以分为以下几个阶段：2004～2006 年为第一阶段，耦合协调度缓慢变化时期，耦合协调度保持在 0.4 左右，始终没有突破 0.5，处于濒临失调阶段；2007～2014 年为第二阶段，耦合协调度变化速度较快，由 0.54 上升至 0.79；2015～2018 年为第三阶段，耦合协调度持续增加并保持在 0.8 以上，2018 年耦合协调度超过 0.9，属于高水平的优质耦合协调阶段。

7.3.2　地级市区域发展和高速公路耦合协调发展空间演化分析

由于各地级市的地理位置和实际发展情况均有较大差异，因此也导致各地级市区域发展和高速公路耦合协调度呈现空间差异性。利用公式，计算出河北省各地级市自 2004～2008 年区域发展和高速公路的综合评价水平和耦合协调度。为了更好地比较耦合协调度的空间差异性，选取具有代表性的时间节点进行分析。结果如表 7 - 16 所示。

表 7 - 16　　　　2004 ~ 2018 年地级市区域发展与高速公路耦合度、耦合协调度

地级市	2004 ~ 2008 年				2009 ~ 2013 年				2014 ~ 2018 年			
	区域协调发展综合评价水平	高速公路综合评价水平	耦合协调度	耦合阶段	区域协调发展综合评价水平	高速公路综合评价水平	耦合协调度	耦合阶段	区域协调发展综合评价水平	高速公路综合评价水平	耦合协调度	耦合阶段
石家庄	0.2754	0.2117	0.4871	濒临失调	0.4501	0.4264	0.6590	初级协调	0.6896	0.7100	0.8344	良好协调
承德	0.2642	0.4029	0.5650	勉强协调	0.4674	0.6664	0.7447	中级协调	0.7088	0.5669	0.7934	中级协调
张家口	0.2240	0.3592	0.5258	勉强协调	0.4512	0.4266	0.6603	初级协调	0.7206	0.6100	0.8118	良好协调
秦皇岛	0.2339	0.5321	0.5910	勉强协调	0.4004	0.5383	0.6790	初级协调	0.7071	0.5989	0.8051	良好协调
唐山	0.2475	0.2155	0.4744	濒临失调	0.4428	0.5911	0.7124	中级协调	0.6782	0.7642	0.8461	良好协调
廊坊	0.2293	0.3186	0.5126	勉强协调	0.3838	0.5593	0.6798	初级协调	0.6568	0.6989	0.8191	良好协调
保定	0.2268	0.3108	0.5106	勉强协调	0.3712	0.6760	0.7053	中级协调	0.6199	0.5940	0.7731	中级协调
沧州	0.2569	0.3384	0.5339	勉强协调	0.4303	0.6479	0.7254	中级协调	0.6930	0.5980	0.8003	良好协调
衡水	0.2185	0.3223	0.5121	勉强协调	0.4318	0.4438	0.6524	初级协调	0.6773	0.4517	0.7418	中级协调
邢台	0.2463	0.3102	0.5227	勉强协调	0.4769	0.5284	0.7061	中级协调	0.7050	0.6399	0.8169	良好协调
廊坊	0.2326	0.2240	0.4690	濒临失调	0.4590	0.5876	0.7162	中级协调	0.7041	0.6892	0.8326	良好协调

由表 7 - 16 给出的各时间节点数据可知，随着时间的变化，河北省各地级市区域发展和高速公路的耦合协调程度均呈现增加趋势。相同时

间节点上，各地级市耦合协调程度呈现较大差异。2004～2008 年，各地级市耦合协调度在 0.5 左右，基本处于勉强协调阶段。石家庄、唐山、廊坊三市耦合协调度处于濒临失调阶段，这是由于三市的区域发展综合评价水平虽然与其他地级市基本持平，但高速公路综合评价水平相对其他城市较低，区域发展和高速公路此时还未呈现良好的互动关系。此阶段协调度最高的城市为秦皇岛市，协调度最低的城市为廊坊市。耦合协调平均值为 0.5186，超过协调度平均值的城市有承德、张家口、秦皇岛、沧州和邢台，占比 45%。2009～2013 年地级市耦合协调度均在 0.6 以上，处于初级协调阶段和中级协调阶段；石家庄、张家口、秦皇岛、廊坊、衡水处于初级协调阶段，其余城市处于中级协调阶段。此阶段协调度最高的城市为承德，协调度最低的城市为衡水。耦合协调度平均值由 0.5186 提升至 0.6945，超过协调度平均值的城市增加为 6 个，占比提升至 54%。2014～2018 年，各地级市耦合协调度在 0.8 以上，除承德、保定、衡水处于中级协调阶段外，其余各市基本处于良好协调阶段。此阶段协调度最高的城市为唐山市，协调度最低的城市为衡水市，耦合协调平均值提高至 0.8067。各地级市区域发展和高速公路耦合协调度随时间推移逐渐趋于优化。

随时间推移，处于中级协调和良好协调阶段的城市逐渐增多，濒临失调状态的城市逐渐减少为零。

濒临失调阶段：2004～2008 年，石家庄、唐山和廊坊面临着严峻的失衡状况，这一状况已经持续了数年之久。区域发展与高速公路未达到良好的互动关系状态。2009～2013 年、2014～2018 年，处于濒临失调阶段的地级市减少至零。

勉强协调阶段：2004～2008 年，大部分地级市处于勉强协调阶段。2009～2013 年和 2014～2018 年，没有地级市处于勉强协调阶段。

初级协调阶段：2004～2008 年，处于初级协调阶段的地级市个数为零。2009～2013 年，近一半的地级市处于初级协调阶段，包括石家庄、张家口、秦皇岛、廊坊、衡水。2014～2018 年，处于初级协调阶段的地级市为零。

中级协调阶段：2004～2008 年，处于中级协调阶段的地级市个数为零。2009~2013 年，近一半的地级市处于中级协调阶段。2014~2018 年，处于中级协调阶段的地级市减少为承德、保定、衡水三个，原因是原本在 2009~2013 年处于中级协调阶段的地级市提升至了良好协调阶段。

良好协调阶段：2004~2008 年和 2009~2013 年没有处于良好协调阶段的城市。2014~2018 年，大部分地市处于良好协调阶段。

7.3.3 耦合协调发展影响因素分析

在众多指标中，寻找出对耦合协调度影响最大的指标，探索影响系统耦合协调度的关键因素。对区域协调发展与高速公路共 28 个指标进行灰色关联度分析。测算数据采取 2004~2018 年 15 年的数据，对河北省区域协调发展与高速公路各影响要素与耦合协调度的灰色关联度进行分析。

1. 灰色关联度模型

灰色关联度是通过各因素之间的态势相似度来衡量各因素之间的关联度，从而揭示各因素在系统内部的动态关联特征和程度。灰色关联度分析的具体步骤如下。

（1）确定参考序列和比较因素序列。

选取耦合协调度衡量区域协调发展与高速公路耦合协调情况，参考序列即为耦合协调度，用 D 表示，$D = (D_1, D_2, \cdots, D_{15})$，各年 D 值如表 7-15 所示。$D_i$ 表示河北省第 i 年的区域协调发展与高速公路耦合协调度。比较因素序列即为区域协调发展与高速公路共 28 个指标，用 X 表示，$X_i = (x_{i1}, x_{i2}, \cdots, x_{i28})$。

（2）无量纲化处理。

灰色关联度分析应进一步对原始序列进行无量纲化处理，以保证各因子的等价性和同序性，并选择初值算子进行数据无量纲化处理。

设 D_1 为初始化算子，则 $X_i D_1 = [x_{i1} d_1, x_{i2} d_1, \cdots, x_{in} d_1]$，其中，$x_{ik} d_1 = x_{ik}/x_{i1}$ 为初值项。

（3）计算比较序列与参考序列之间的相对差异，以确定它们的相似程度。公式如下：

$$|U(k) - x_i(k)|, (k = 2004, 2005, \cdots, 2018; i = 1, 2, \cdots, 28) \quad (7-1)$$

（4）计算各比较序列与参考序列的关联系数。公式如下：

$$\xi_i(k) = \frac{\min\limits_i \min\limits_k |U(k) - x_i(k)| + \rho \cdot \max\limits_i \max\limits_k |U(k) - x_i(k)|}{|U(k) - x_i(k)| + \rho \cdot \max\limits_i \max\limits_k |U(k) - x_i(k)|}$$

$$(7-2)$$

式（7-2）中，辨别系数 ρ 的值越小，表明辨别力越强，一般选取值区域为（0，1），以此来反映物体的特征，当 $\rho \leqslant 0.5463$ 时分辨率最佳，这里取 $\rho = 0.5$。

（5）计算关联度 R_i。公式如下：

$$R_i = \frac{1}{n} \sum_{k=2004}^{2018} \xi_i(k), (i = 1, 2, \cdots, 28) \quad (7-3)$$

（6）关联度排序与评价。

基于计算得到的灰色关联，分析比较特征对参考序列的影响程度，相关性越大，影响越大，反之亦然。

2. 测算结果及分析

根据上述步骤得到河北省区域协调发展和高速公路耦合协调度与 28 个指标的灰色关联度。具体结果如表 7 - 17 和图 7 - 16 所示。在图 7 - 16 中，X1 表示第一项指标与两个子系统耦合协调度的关联度，X1 ~ X28 以此类推。通过图 7 - 16 可直观地看出各指标与系统耦合协调度的关联度存在较大差异。

表 7 - 17　　　　　　　耦合协调度与 28 个指标的灰色关联度

指标	灰色关联度	排序	指标	灰色关联度	排序
X1	0.807	20	X7	0.752	24
X2	0.769	22	X8	0.931	3
X3	0.842	16	X9	0.936	1
X4	0.537	28	X10	0.822	17
X5	0.753	23	X11	0.733	25
X6	0.889	10	X12	0.906	6

续表

指标	灰色关联度	排序	指标	灰色关联度	排序
X13	0.936	2	X21	0.857	13
X14	0.813	18	X22	0.869	11
X15	0.909	5	X23	0.9	7
X16	0.795	21	X24	0.811	19
X17	0.9	9	X25	0.856	15
X18	0.9	8	X26	0.675	27
X19	0.911	4	X27	0.69	26
X20	0.869	12	X28	0.857	14

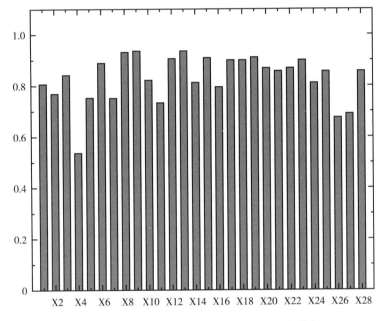

图 7－16　耦合协调度与 28 个指标的灰色关联度

由表 7－17 和图 7－16 可以发现，第三产业增加值与农村居民人均可支配收入之间具有较高的关联性，而公园绿地建筑面积、教育事业支出占 GDP 比例、公路里程以及人均城市道路建筑面积也与这些指数有着密切的联系。此外，生态化环境子系统中，日常生活垃圾无害化处理率和污水处理厂集中式处理率也是与这些指数关联性最大的，而公共服务子体系中，人均城市道路面积和医院数也与这些指数有着密切的关联。

高速公路系统与耦合协调度关联度最大的指标为公路里程、高速公路占比。

7.4　河北省区域发展和高速铁路耦合协调发展的时空特征

高铁强化了区域间的合作与交流，对区域协调发展具有重要作用。本章节研究了高铁与区域协调发展时空耦合协调效应问题。首先，采用两次主成分分析和相关分析构建了区域协调发展和高铁网络发展水平评价指标体系；其次，采用加速遗传算法优化层次分析法和熵值法对评价指标体系赋权；最后，以河北省为例，利用耦合协调模型测算了高铁与区域协调发展水平的耦合协调度。

7.4.1　数据来源及处理

为保证研究结果的真实性和科学性，要求数据选取时保证数据的准确性和权威性。本书的研究数据来自政府官网的公开数据，主要包括河北省 2010～2021 年《河北经济年鉴》、《中国统计年鉴》、《中国城市统计年鉴》、《中国城市建设年鉴》、河北省及各地级市发布的《国民经济和社会发展统计公报》以及国家铁路总公司官方发布数据。书中数据以国家各级统计部门数据为基准，并借助专业统计分析方法得出。出于对指标一致性的考虑，同一指标的来源保持一致，少数缺失值根据公报进行补齐。

7.4.2　计算结果

根据前述公式，对河北省区域协调发展与高铁时空耦合关系进行测算，分析 2010～2021 年河北省区域协调发展与高铁耦合变化过程。河北省区域协调发展与高铁耦合协调度如表 7－18 所示。

表 7 – 18   2010 ~ 2021 年河北省区域协调发展与高铁耦合协调度

年份	区域协调发展综合水平	高铁综合评价水平	耦合度	耦合协调度	耦合阶段
2010	0.4505	0.0041	0.1901	0.2079	中度失调
2011	0.4378	0.1029	0.7850	0.4607	濒临失调
2012	0.4830	0.2821	0.9649	0.6075	初级协调
2013	0.4870	0.3854	0.9932	0.6582	初级协调
2014	0.5176	0.4499	0.9976	0.6947	初级协调
2015	0.5906	0.5245	0.9982	0.7460	中级协调
2016	0.7179	0.5747	0.9938	0.8014	良好协调
2017	0.7801	0.6650	0.9968	0.8487	良好协调
2018	0.9008	0.7235	0.9940	0.8985	良好协调
2019	0.9176	0.8590	0.9995	0.9422	优质协调
2020	0.8914	0.6376	0.9861	0.8683	良好协调
2021	0.9066	0.6725	0.9889	0.8836	良好协调

由表 7 – 18 可知，河北省区域发展和高铁的耦合协调度在逐年增加，从 2010 年开始的中度失调阶段，中间经历了濒临协调、初级协调和中级协调阶段，到 2016 年耦合协调度突破 0.8，河北省区域发展和高铁达到良好协调阶段，耦合协调程度不断优化发展。在此期间，区域协调发展和高铁综合评价水平不断提高和持续增长，是河北省区域发展和高铁耦合协调程度能够不断优化发展的主要原因。2010 ~ 2011 年，区域发展和高铁耦合协调度始终低于 0.5，处于中度失调和濒临失调状态，在临近协调状态徘徊。2012 年区域发展和高铁耦合协调度突破 0.5，也由濒临失调阶段转向初级协调阶段。2015 年达到中级协调阶段，此后一直保持着耦合协调度均值 0.7 以上，2016 年开始步入良好协调阶段。由此可见，河北省区域发展和高铁在 2010 ~ 2021 年是齐头并进式的发展。进一步分析发现，2010 ~ 2021 年高铁综合评价水平略低于区域发展综合评价水平，高铁发展滞后于区域协调发展，2019 年，高铁发展和区域协调发展综合评价指数基本相同，说明此阶段二者基本处在同步发展阶段。

根据耦合协调计算结果绘制了河北省 2010 ~ 2021 年耦合协调程度趋势，如图 7 – 17 所示。

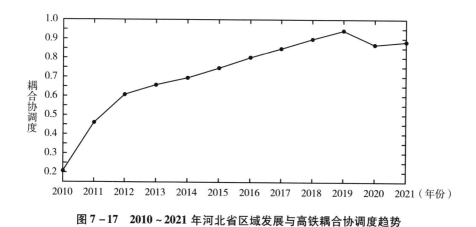

图 7 – 17   2010～2021 年河北省区域发展与高铁耦合协调度趋势

由图 7 – 17 可知，2010～2021 年，河北省区域协调发展和高铁耦合协调度逐年增长，由 2010 年的 0.208 增长到了 2021 年的 0.88，说明近十几年来，区域协调发展和高铁不断优化。以耦合协调度为划分依据，2010～2021 年河北省耦合协调可以分为以下几个阶段：2010～2011 年为第一阶段，耦合协调度缓慢变化时期，耦合协调度保持在 0.4 上下，始终没有突破 0.5，处于濒临失调阶段；2012～2015 年为第二阶段，耦合协调度变化速度较快，由 0.46 上升至 0.74；2016～2021 年为第三阶段，耦合协调度持续增加并保持在 0.8 以上，2019 年耦合协调度超过 0.9，属于高水平的优质耦合协调阶段。高铁对区域发展的促进作用主要是由于高铁极大地缩短了时空距离，改善了区域间的可达性，在很大程度上带动了人员流动。区域间人员流动进一步促进了旅游业的发展，也影响了区域间生产要素的流动，促进了区域内企业经济活动与市场的重新布局。这里要说明的是，2020 年和 2021 年河北省高铁综合评价水平比 2019 年有所下降，主要是受新冠疫情的影响，高铁客运量和客运周转量大幅降低的原因，但这并不影响本章节的结论。

7.4.3   结果分析

本章研究了高铁与区域协调发展时空耦合协调关系问题，首先使用主成分分析和相关分析建立区域协调发展和高铁评价指标体系；其次采用层次分析法和熵值法组合赋权测算指标权重，用耦合协调度模型求解两个系统的耦合度、协调度与耦合协调度；最后以河北省为例，应用书中构建的评价指标体系和耦合协调度模型对高铁与区域协调发展时空耦合协调关系进行了计算，并根据结果分析河北省区域发展和高铁耦合协调的时序特征和空间演化过程，得出的基本结论是：自 2016 年，河北省高铁与区域协调发展耦合协调度始终保持在 0.8 以上，进入良好的协调阶段，高铁和河北省区域发展之间相互影响、相互促进；高铁对河北省区域发展的促进作用主要源于时空距离成本的降低带来的京津产业外溢和河北省旅游经济的发展。当然，高铁的发展也给河北省带来了不容忽视的人才流失问题，阻碍了河北省区域协调发展的进程。对于河北省地级市的高铁，因数据获取有较大难度，未在此进行分析。河北省高铁的市域完成度较高，2019 年底基本实现"市市通高铁"。河北高铁存在的主要不足在于部分地级市之间还未实现高铁线路直达联通。中国第一条高速铁路——秦沈客专，虽然主体在辽宁，却是河北省实现高铁之路的开端。2009 年，随着石太客专的开通，石家庄获得了第一条高铁，除衡水、张家口、承德三市外，河北省其余各市均进入动车时代。随着国家提速发展，2017 年底开通的石济客专使衡水接入了全国高铁网；2018 年底，伴随京沈高铁承沈段的开通，承德接入了东北高铁网；2019 年底，京张高铁、崇礼铁路、张呼高铁张集段、张大高铁，4 条高铁同步建成通车，至此，河北境内"市市通高铁"的目标得以实现。现阶段河北省各地区依托高铁这一有利的交通因素，积极发展各区域产业。石家庄将积极打造高铁商务区，产城融合发展。保定高铁线路建设也如火如荼，雄忻高铁和京雄保城际线逐渐落地。京张高铁和京沈客运分别让张家口和承德融入"首都一小时生活圈"，加快了旅游业和产业发展的步伐，城市经济逐渐增强，乡村振兴和民生逐渐改善。通过高铁的连接，唐山和其他城市的经济联系逐渐加强，尤其是增强了天津对唐山的带动作用。邯郸依靠高铁不仅拉动了经济，同时拉动了旅游业发展，提升了产业化层次和城市化水平。廊坊依靠高铁缩短与京津的距离，加快同城化发展，增加劳动就业机会，调整产业布局。邢台、沧州、衡水、秦皇岛也加入六纵六横综合交通运输布局。河北省整体高速交通运输水平得到有效提升，区域经济、社会、生态环境、公共服务逐渐迈向更高层次的协调发展。

7.5　结论与对策

7.5.1　研究结论

本章首先通过科学定性分析方法和量化分析方法，结合主成分分析和相关性数据，建立一个科学完整的高速公路系统、高速铁路系统和区域协调发展系统评价指标体系，以更好地反映当前的发展状况；其次使用改进的层次分析和熵值法综合赋权计算测算指标权重；再次应用综合函数法计算区域发展和高速交通综合评价指数，结合时间序列数据对河北省区域发展和高速交通进行时序分析和空间演化分析；最后利用耦合协调模型和灰色关联度模型对河北省区域发展和高速交通耦合协调发展程度进行进一步研究和分析，得到如下基本结论。

（1）区域协调发展水平方面。在 2004～2018 年的研究期间，河北省区域协调发展水平随着时间的推移，综合评价水平呈现了提升式发展，从最初的平稳上升阶段到中间的高速发展阶段，再到最后保持稳定的发展并将区域协调发展保持在较高水平。从地级市角度分析，河北省各市的地理位置和自然资源的差异，使得各市区域协调发展水平在某些年份出现了较大差异，但整体上各地级市的区域协调发展水平较为一致。区域发展水平较好的城市包括唐山、沧州、邢台等。

（2）高速交通综合发展水平方面。在整体的研究期间内，河北省高速交通综合发展水平仅在 2014 年、2015 年出现小幅下降趋势，其他年份均以逐年递增的趋势朝着高水平发展前进。经历了低水平、中等水平、高水平不同的发展阶段，每个阶段高速交通综合发展水平都进行了跨越，从开始的提升到最后的稳定，河北省高速交通综合发展始终保持着前进的趋势。纵观整体全局，各地级市高速交通综合发展水平同样呈现明显的地区差异性。随着时间的推移各地级市高速交通综合发展水平呈现逐年提高的趋势，各地级市逐渐跨越过低水平发展阶段，向中等水平发展阶段、高水平发展阶段迈进。

（3）区域发展和高速交通耦合协调发展方面。从 2004～2018 年，河北省的区域发展和高速交通发展呈现出一种协调并进的态势，耦合协调度也在这段时间里不断提升，从 2004～2018 年经历了一个艰难的起步阶段，2015 年以后，协调度进入了一个良性发展的阶段。将区域发展综合评价水平和高速交通综合发展水平二者进行比较，发现 2004 年和 2005 年高速交通综合评价水平略低于区域发展综合评价水平，高速交通发展滞后于区域协调发展，2006～2010 年，高速交通发展和区域协调发展综合评价指数基本相同甚至略高于区域协调发展，说明此阶段二者基本处在同步发展阶段。随着时间的变化，河北省各地级市区域发展和高速交通的耦合协调程度均呈现增加趋势。相同时间节点上，虽然各地级市耦合协调程度呈现较大差异，但可以明显看出，各地级市区域发展和高速交通耦合协调度随时间推移逐渐趋于优化。

7.5.2　对策建议

从区域角度看，河北省地处中国的东北部，是扼守中国华北和东北的交通枢纽地带。作为全国重要的经济区域，河北与北京、天津、山西、内蒙古等省市紧密相连。随着经济社会的快速发展，南北互联互通的需求日益增长，高速交通的建设成为提升地区交通运输能力的关键。为更好发挥高速交通与区域协调发展更好的发挥相互拉动作用，提出了以下几点对策建议。

第一，加强高速公路基础建设。随着经济社会快速发展，城镇化进程加快，城市间、城乡间交通需求不断增长，河北省要全力加快高速路网建设，继续完善重点区域高速公路路网，提升交通的快速通达性，畅通物流大循环，促进区域协调发展，为河北省经济社会发展提供有力交通基础支撑。

第二，强化区域路网联通，聚焦建设交通强省。以贯通、加密、扩容为重点，着力构建畅通高效的高速公路网。继续完善中心城市、重点城镇周边高速公路互通出入口布局，加强与其他运输方式协调发展，以支持打造现代化高质量综合立体交通网。同时要加快首都环线高速连通工程，完善雄安新区对外骨干路网，高标准高质量推进交通强国试点建设；构筑更加便捷的环京津1小时交通圈，完善与京津地区对接的高速公路布局，加快推进省际对接高速公路建设；积极推进路网功能突出、交通流量较大的高速公路扩容改造。

第三，加强高铁基础建设，增强运输能力和区域可达性。挖掘高铁发展潜力较大的城市，完善高铁运输网络，为区域产业的发展提供助力，推动区域协调发展。建设"轨道上的京津冀"，打造以京津石雄为核心的"环射型网络化"城际铁路网；推动环渤海、冀中南地区城际铁路建设，加快省内区域中心城市间城际铁路直联互通。增设高铁列数满足公民的出行需求，增加客运量，带动区域发展。建成以京津石雄为核心的"环射型+网络化"城际铁路网，与其他交通方式深度融合，形成国际领先的现代化综合交通运输体系，群众出行更加便捷舒适。

第四，结合"八横八纵"高速铁路网规划，着力打造河北"5纵4横1环"便捷高效高速铁路网络。优化高速铁路结构，形成以5条纵向线路、4条横向线路和1条环首都线为骨干的高铁网络，显著提升全省人口覆盖能力，增强对区域协调发展的影响，提升区域高速铁路与区域发展的协调性水平。同时，抓住高速交通带来的经济机遇，周边城市要依托高速交通发展带来的交通便利和人群流量聚集优势发展旅游业等优势产业，促进区域产业之间分工合作。构建区域间交通一体化机制，加强省内和省际城市间的区域联通，满足不同空间的交通的需求，实现联动发展。

本章对河北省2004～2021年区域协调发展和高速交通综合发展水平及其耦合协调发展进行分析并得出结论。但由于只是研究了河北省区域发展和高速交通之间的耦合协调关系，没有加入和其他省份的对比，缺乏对比性，不能反映出和其他省份之间的差距。在今后的研究中可考虑加入对其他省份的对比分析，以便找到对河北省发展更加深刻的建议；同时由于采用耦合协调度模型对区域发展和高速交通的耦合协调关系进行实证分析，只是对区域发展和高速交通的耦合结果进行了实证分析，没有分析各项指标对综合发展和耦合协调发展的影响程度差异。在今后的研究中可考虑找出在区域协调发展和高速交通耦合协调中作用最强的影响因素，以便为河北省发展提出更加准确和具体的建议。

参 考 文 献

[1] 白洋. 县域交通可达性模型改进算法研究 [D]. 保定：河北大学，2016.

[2] 包健. 区域协调发展中的政府作用分析 [J]. 中央财经大学学报，2007 (2)：6-11.

[3] 蔡安宁，梁进社，李雪. 江苏县域交通优势度的空间格局研究 [J]. 长江流域资源与环境，2013，22 (2)：129-135.

[4] 蔡兴飞. 武汉市交通可达性综合评价及其空间差异 [D]. 武汉：武汉大学，2019.

[5] 曹佳聪. 道路交通系统与新型城镇化体系时空耦合发展研究 [D]. 兰州：兰州交通大学，2021.

[6] 曹小曙，李涛，杨文越，等. 基于陆路交通的丝绸之路经济带可达性与城市空间联系 [J]. 地理科学进展，2015，34 (6)：657-664.

[7] 曹小曙，薛德升，阎小培. 中国干线公路网络联结的城市通达性 [J]. 地理学报，2005 (6)：25-32.

[8] 曹小曙，阎小培. 经济发达地区交通网络演化对通达性空间格局的影响——以广东省东莞市为例 [J]. 地理研究，2003，22 (3)：305-312.

[9] 陈博文，陆玉麒，柯文前，等. 江苏交通可达性与区域经济发展水平关系测度——基于空间计量视角 [J]. 地理研究，2015，34 (12)：2283-2294.

[10] 陈洁，陆锋，程昌秀. 可达性度量方法及应用研究进展评述 [J]. 地理科学进展，2007，26 (5)：101-110.

[11] 陈璟. 城市群综合运输体系发展方向研究 [J]. 综合运输，2012 (5)：7-11.

［12］陈坤秋，龙花楼，马历，等．农村土地制度改革与乡村振兴［J］．地理科学进展，2019，38（9）：1424－1434．

［13］陈淇瑶，廖和平，刘愿理，等．重庆市县域交通可达性与多维贫困耦合关系研究［J］．西南大学学报（自然科学版），2020，42（4）：12－24．

［14］陈启明，陈华友．改进的熵值法在确定组合预测权系数中的应用［J］．统计与决策，2011（13）：159－160．

［15］陈巧丽．基于多重视角的综合交通运输与区域经济互动关系研究［D］．西安：长安大学，2020．

［16］陈小红，张协奎，陈诗森，等．中国—东盟综合交通优势度与区域经济耦合协调［J］．交通运输系统工程与信息，2018，18（5）：26－31，81．

［17］陈艳艳，魏攀一，赖见辉，等．基于GIS的区域公交可达性计算方法［J］．交通运输系统工程与信息，2015（2）：61－67．

［18］程钰，刘雷，任建兰，等．济南都市圈交通可达性与经济发展水平测度及空间格局研究［J］．经济地理，2013，33（3）：59－64．

［19］邓宏兵，曹媛媛．中国区域协调发展的绩效测度［J］．区域经济评论，2019（1）：25－32．

［20］丁成日，胡珏．可达性分析与城乡地域分异：以北京人口，工业地域结构为例［J］．经济地理，1990，10（3）：1－6．

［21］丁勇．列联表信息相关系数的统计检验［J］．数理统计与管理，2019，38（3）：433－441．

［22］杜传忠，邵悦．中国区域制造业与生产性服务业协调发展水平测度及其提升对策［J］．中国地质大学学报（社会科学版），2013，13（1）：87－95．

［23］樊桦．综合运输服务体系的功能和实现途径［J］．综合运输，2013（6）：4－8．

［24］樊一江．新型城镇化需要交通运输先行引领［J］．综合运输，2012（7）：46－50．

［25］范柏乃，张莹．区域协调发展的理念认知、驱动机制与政策设

计：文献综述 [J]. 兰州学刊，2021 (4)：115 – 126.

[26] 范祚军，何欢. "一带一路" 国家基础设施互联互通 "切入" 策略 [J]. 世界经济与政治论坛，2016 (6)：129 – 142.

[27] 方罗术. 区域交通基础设施与经济协调发展研究——以陕西省为例 [J]. 交通科技与经济，2017，19 (1)：75 – 80.

[28] 方世明，郑斌. 区域城市化与经济协调发展测度研究——以咸宁市为例 [J]. 中国地质大学学报 (社会科学版)，2010，10 (5)：112 – 118.

[29] 冯江茹，范新英. 中国区域协调发展水平综合评价及测度 [J]. 企业经济，2014 (8)：136 – 139.

[30] 冯晓兵. 成渝地区交通运输与区域经济耦合协调发展研究 [J]. 铁道运输与经济，2022，44 (3)：92 – 98.

[31] 冯旭芳，刘敏. 区域发展差异测度及协调对策——以山西为例 [J]. 经济问题，2007 (3)：124 – 126.

[32] 盖春英，裴玉龙. 公路网络可达性研究 [J]. 公路交通科技，2006，23 (6)：104 – 107.

[33] 高晓慧. 四川省城乡发展耦合协调度的时空分异研究 [D]. 成都：四川省社会科学院，2020.

[34] 高志刚，克尲. 中国省际区域经济差距演进及协调发展 [J]. 区域经济评论，2020 (2)：24 – 36.

[35] 龚艳冰，巢妍. 基于不确定正态云组合权重的综合评价方法研究 [J]. 统计与信息论坛，2020，35 (5)：3 – 8.

[36] 郭建科，王丹丹，王利，等. 基于内外联系的双核型区域交通可达性研究：以辽宁省为例 [J]. 经济地理，2015，35 (11)：71 – 79.

[37] 郭敏，倪超军，强始学. 新疆区域协调发展影响因素的实证研究 [J]. 统计与咨询，2012 (6)：44 – 45.

[38] 韩书成，汤新明，龚亚男. 珠三角经济圈 "经济 – 社会 – 生态 – 人口 – 土地" 城镇化耦合协调发展的时空分析 [J]. 国土资源科技管理，2020，37 (1)：13 – 28.

[39] 韩玉刚，曹贤忠. 皖江区域城市能级与生态环境协调度的测度

和发展趋势研究［J］．长江流域资源与环境，2015，24（6）：909－916．

［40］郝文升，赵国杰，温娟，等．低碳生态城市的区域协调发展研究——以中新天津生态城为例［J］．城市发展研究，2012，19（4）：28－33．

［41］贺剑锋．关于中国高速铁路可达性的研究：以长三角为例［J］．国际城市规划，2011，26（6）：55－62．

［42］黄晓燕，曹小曙，李涛．海南省区域交通优势度与经济发展关系［J］．地理研究，2011，30（6）：985－999．

［43］姬亚鹏．兰渝高铁对沿线城市可达性及经济联系的影响研究［C］．面向高质量发展的空间治理——2021中国城市规划年会论文集（区域规划与城市经济），中国四川成都，2021．

［44］戥晓峰，刘丁硕，陈方．云南省教育资源公平与经济发展的耦合协调机制研究［J］．昆明理工大学学报（社会科学版），2019，19（5）：88－97．

［45］姜光成，胡乃联，印赫哲，等．基于主客观组合赋权及灰色相关分析的采矿法优选［J］．矿业研究与开发，2016，36（9）：7－13．

［46］蒋海兵，徐建刚，祁毅．京沪高铁对区域中心城市陆路可达性影响［J］．地理学报，2010，65（10）：1287－1298．

［47］蒋天颖，刘程军．长江三角洲区域创新与经济增长的耦合协调研究［J］．地域研究与开发，2015，34（6）：8－13，42．

［48］金凤君，王娇娥．20世纪中国铁路网扩展及其空间通达性［J］．地理学报，2004，59（2）：293－302．

［49］金江磊，闫浩文，刘涛，等．高速铁路通达度与城市驱动力的时空耦合关系［J］．地理与地理信息科学，2019，35（3）：120－126．

［50］金菊良，丁晶．遗传算法用于水资源工程中的理论和应用研究［J］．计算机工程与应用，2003（35）：209－211，232．

［51］金玉石．基于灰色关联模型的省域技术创新能力测度［J］．统计与决策，2019，35（4）：59－62．

［52］孔庆峰．我国县域城乡快速交通网络构建的必要性探析［J］．交通标准化，2012（1）：121－124．

［53］孔伟，刘岩，治丹丹，等．中国区域高等教育与科技创新协调

发展测度实证研究 [J]. 科技管理研究, 2020, 40 (9): 74-79.

[54] 来逢波, 杨京波. 山东省区域经济空间格局与综合交通体系协调发展的测度与适应性评价 [J]. 东岳论丛, 2014, 35 (6): 61-66.

[55] 李冬晓. 推进中原经济区新型城镇化的对策与建议 [J]. 中国经贸导刊, 2012 (2): 45-47.

[56] 李红昌, Linda Tjia, 胡顺香. 中国高速铁路对沿线城市经济集聚与均等化的影响 [J]. 数量经济技术经济研究, 2016, 33 (11): 127-143.

[57] 李强, 陈宇琳, 刘精明. 中国城镇化"推进模式"研究 [J]. 中国社会科学, 2012 (7): 82-100.

[58] 李松, 白洋. 新型城镇化发展与县域产业聚集的相关性分析 [J]. 改革与战略, 2014, 30 (12): 116-118, 131.

[59] 李松, 刘力军, 白洋. 铁路车站站点设置对县域交通可达性的影响分析 [J]. 铁道运输与经济, 2017, 39 (7): 77-82.

[60] 李松, 罗勇, 白洋. 县域产业聚集发展中的综合运输体系规划关键问题 [J]. 改革与战略, 2015, 31 (6): 152-155.

[61] 李兴江, 唐志强. 论区域协调发展的评价标准及实现机制 [J]. 甘肃社会科学, 2007 (6): 51-53.

[62] 李紫萱, 李松, 高烨. 高铁与河北省区域协调发展时空耦合协调关系研究 [J]. 铁道运输与经济, 2023, 49 (9): 104-111.

[63] 林馥波. 运输基础设施对区域经济发展影响的实证研究 [D]. 北京: 对外经济贸易大学, 2006.

[64] 林倩茹, 罗芳, 许凡. 我国四化协调发展水平测度及区域比较分析 [J]. 资源开发与市场, 2014, 30 (10): 1169-1172, 1273.

[65] 刘程军. 产业集群创新与新型城镇化耦合协调形成机制及其空间效应研究 [D]. 杭州: 浙江工业大学, 2017.

[66] 刘传明, 曾菊新. 县域综合交通可达性测度及其与经济发展水平的关系——对湖北省79个县域的定量分析 [J]. 地理研究, 2011, 30 (12): 2209-2221.

[67] 刘欢, 孟德友. 高铁背景下省会城市交通优势度空间分异及影

响因素 [J]. 世界地理研究，2022，31（1）：107 - 119.

[68] 刘辉，申玉铭，孟丹，等. 基于交通可达性的京津冀城市网络集中性及空间结构研究 [J]. 经济地理，2013，33（8）：37 - 45.

[69] 刘建国. 北京市区域协调发展的综合测度 [J]. 区域经济评论，2016（1）：66 - 71.

[70] 刘军，吉敏. 产业聚集理论研究述评 [J]. 经济问题探索，2011（8）：34 - 39.

[71] 刘强，徐生霞. 中国区域协调发展及空间演进 [J]. 统计与决策，2021，37（1）：102 - 105.

[72] 刘兴远，储东涛. 江苏区域协调发展的进程测度与路径再探 [J]. 唯实，2014（9）：54 - 58.

[73] 刘彦随. 中国新时代城乡融合与乡村振兴 [J]. 地理学报，2018，73（4）：637 - 650.

[74] 刘叶青，王凌峰. 我国空间发展不平衡及区域协调发展统计研究 [J]. 河南工业大学学报（社会科学版），2020，36（2）：13 - 19.

[75] 刘义龙，李松，李紫萱. 区域协调发展水平测度及其耦合协调度研究 [J]. 时代经贸，2023（8）：121 - 124.

[76] 鹿晨昱，李文磊，李恒吉，等. 区域经济—社会—资源—环境协调发展的综合测度研究——以甘肃省庆阳市为例 [J]. 资源开发与市场，2017，33（8）：916 - 921.

[77] 路云飞，李琳琳，张壮. 决策指标组合赋权方法的研究及应用 [J]. 计算机工程，2018，44（1）：84 - 90.

[78] 栾庆熊，段莉珍，赵鑫，等. 公路运输与区域经济建设的耦合协调特征分析——以云南省为例 [J]. 综合运输，2018，40（2）：94 - 100.

[79] 罗汉武. 能源与经济、环境协调发展的测度分析及政策研究 [D]. 天津：天津大学，2009.

[80] 罗金阁，张博，刘嗣明. 粤港澳大湾区交通可达性与旅游经济联系空间关系 [J]. 经济地理，2020，40（10）：213 - 220.

[81] 罗永华，彭璧玉. 港口物流与区域经济协调发展：相关性及空

间差异性测度——基于广东省的实证研究 [J]. 重庆交通大学学报（社会科学版），2016，16（2）：43-49.

[82] 罗智霞. 辽宁省高速铁路可达性与经济联系强度关系分析 [D]. 沈阳：辽宁师范大学，2017.

[83] 马慧敏，丁阳，杨青. 区域生态-经济-社会协调发展评价模型及应用 [J]. 统计与决策，2019，35（21）：75-79.

[84] 马晓蕾，马延吉. 基于 GIS 的中国地级及以上城市交通可达性与经济发展水平关系分析 [J]. 干旱区资源与环境，2016，30（4）：8-13.

[85] 毛保华，孙全欣，关伟. 区域综合运输体系发展规划理论与关键技术 [J]. 综合运输，2011（5）：4-10.

[86] 毛阳海，贾雁岭，王婷. 西藏区域协调发展的目标内涵与评价指标构想 [J]. 西藏民族大学学报（哲学社会科学版），2019，40（3）：38-42，154.

[87] 梅琳，黄柏石，敖荣军，等. 长江中游城市群高速铁路可达性格局及演变 [J]. 经济地理，2018，38（6）：62-68.

[88] 孟德友，陆玉麒. 高速铁路对河南沿线城市可达性及经济联系的影响 [J]. 地理科学，2011，31（5）：537-543.

[89] 孟德友，陆玉麒. 基于 PPM 的河南县域交通优势度与区域经济协调性评价 [C]. 全国地理学研究生学术年会，2012.

[90] 孟德友，陆玉麒. 基于铁路客运网络的省际可达性及经济联系格局 [J]. 地理研究，2012，31（1）：107-122.

[91] 孟德友，沈惊宏，陆玉麒. 河南省县域交通优势度综合评价及空间格局演变 [J]. 地理科学，2014（3）：280-287.

[92] 孟德友，沈惊宏，陆玉麒. 中原经济区县域交通优势度与区域经济空间耦合 [J]. 经济地理，2012，32（6）：7-14.

[93] 聂伟，邵春福. 区域交通可达性测算方法分析 [J]. 交通科技与经济，2008，10（4）：85-87.

[94] 聂正英，李萍. 京津冀交通一体化与区域经济耦合：基于熵权法的协调分析 [J]. 综合运输，2019，41（4）：37-42.

[95] 潘振兴，韩峰，王博，等. 新疆铁路网与区域经济发展的耦合

协调度评价 [J]. 铁道运输与经济，2019，41（12）：45-52.

[96] 彭婕. 长沙市区域交通与城市发展耦合协调研究 [D]. 长沙：湖南师范大学，2019.

[97] 钱利英. 3E 系统协调度评价模型比较及其应用研究 [D]. 长沙：湖南大学，2013.

[98] 任波. 区域竞技体育与经济协调发展关系的实证研究——基于泰尔系数和人口集中度的测度 [J]. 山东体育科技，2016，38（6）：1-6.

[99] 阮云婷，徐彬. 城乡区域协调发展度的测度与评价 [J]. 统计与决策，2017（19）：136-138.

[100] 尚静静，解家安，向程，等. 青海省公路交通与区域经济发展熵值权重空间效应分析 [J]. 华北理工大学学报（社会科学版），2017，17（6）：31-36.

[101] 邵海雁，靳诚，薛晨璐，等. 高铁引起的可达性改善与旅游网络关注度变化耦合协调研究——以沪昆高铁为例 [J]. 地理与地理信息科学，2021，37（6）：120-128.

[102] 邵权熙. 当代中国林业生态经济社会耦合系统及耦合模式研究 [D]. 北京：北京林业大学，2008.

[103] 申燕燕. 区域人口与经济协调性的测度与评价——以贵州省为例 [J]. 贵州师范学院学报，2013，29（2）：30-34.

[104] 沈惊宏，陆玉麒，兰小机等. 区域综合交通可达性评价——以安徽省为例 [J]. 地理研究，2012，31（7）：1280-1293.

[105] 宋瑾泽. 吉林省新型城镇化与农业现代化协调发展研究 [D]. 长春：吉林大学，2020.

[106] 宋帅邦，李立叶. 新疆区域协调发展水平评价与分析 [J]. 新疆农垦经济，2014（7）：53-57，63.

[107] 宋小冬，钮心毅. 再论居民出行可达性的计算机辅助评价 [J]. 城市规划学刊，2000（3）：18-22.

[108] 宋宇萌. 基于耦合理论的陕西公路运输业—区域经济—生态环境协调发展研究 [D]. 西安：长安大学，2018.

[109] 孙海燕，沈静. 区域协调发展研究——以湛江市为例 [J]. 地

域研究与开发，2005（1）：70－74.

[110] 孙继红. 高等教育系统与区域经济系统协调发展测度研究 [J]. 大学（研究版），2014（10）：20，30－36.

[111] 孙建萍. 区域经济协调发展的测度研究 [J]. 北方经济，2011 （14）：48－49.

[112] 孙久文，和瑞芳. 基于省际时空差异的区域系统协调发展研究 [J]. 兰州学刊，2013（1）：116－121.

[113] 孙立成，梅强，周德群. 区域3E系统协调发展水平 PLS－SEM 测度模型及应用研究 [J]. 运筹与管理，2012，21（3）：119－128.

[114] 孙倩，汤放华. 基于欧氏距离协调发展度聚类模型的区域协调 发展状况研究——以湖南省为例 [J]. 城市发展研究，2012，19（1）： 35－40.

[115] 孙威，张有坤. 山西省交通优势度评价 [J]. 地理科学进展，2010，29（12）：1562－1569.

[116] 覃成林，崔聪慧. 粤港澳大湾区协调发展水平评估及其提升策 略 [J]. 改革，2019（2）：56－63.

[117] 谭玮宝，黄晓燕，路改改，等. 秦巴山区交通可达性对人口分 布时空格局的影响 [J]. 陕西师范大学学报（自然科学版），2021，49 （2）：15－27.

[118] 汤铃，李建平，余乐安. 基于距离协调度模型的系统协调发展 定量评价方法 [J]. 系统工程理论与实践，2010，30（4）：594－602.

[119] 唐未兵，唐谭岭. 中部地区新型城镇化和金融支持的耦合作用 研究 [J]. 中国软科学，2017（3）：140－151.

[120] 唐永超，王成新，王瑞莉，等. 黄河流域区域交通与经济发展 的空间关联研究 [J]. 经济地理，2020：1－14.

[121] 陶涛，金光照. 云南区域协调发展水平测度与动态效应分解 [J]. 区域经济评论，2019（6）：35－42.

[122] 田梦. 高铁网络基础设施对沿线城市集聚经济的影响研究 [D]. 武汉：中国地质大学，2021.

[123] 王成新，王格芳，刘瑞超，等. 区域交通优势度评价模型的建

立与实证——以山东省为例［J］.人文地理,2010(1):73-76.

[124]王德青,朱建平,谢邦昌.主成分聚类分析有效性的思考［J］.统计研究,2012,29(11):84-87.

[125]王婧.河南省区域协调发展实证研究［J］.河南科技,2020(20):61-65.

[126]王婧翱.中国新型城镇化建设与人的发展的思考［J］.改革与战略,2013,29(9):5-7.

[127]王丽艳,郑丹,王振坡.我国人口城镇化与土地城镇化协调发展的区域差异测度——来自东中西部省际面板数据［J］.学习与实践,2015(4):12-22.

[128]王明杰,黄晓庆,何林娟.基于耦合模型和GIS的区域产业与资源环境协调发展测度研究——以成都市为例［J］.成都行政学院学报,2020(2):33-37.

[129]王曙光,梁伟杰.区域经济协调发展的ISSP测度指标体系研究［J］.商业研究,2017(9):103-109.

[130]王天睿,陆玉麒.高铁时代甘肃省中心城市可达性演变特征分析［J］.城市轨道交通研究,2017,20(9):9-14.

[131]王伟,孙雷.区域创新系统与产业转型耦合协调度分析——以铜陵市为例［J］.地理科学,2016,36(2):204-212.

[132]王垚,年猛.高速铁路带动了区域经济发展吗?［J］.上海经济研究,2014(2):82-91.

[133]王子晨,戚巍,郭江江.我国研究生教育与区域经济发展协调度的测度研究［J］.学位与研究生教育,2015(4):66-71.

[134]吴威,曹有挥,曹卫东,等.开放条件下长江三角洲区域的综合交通可达性空间格局［J］.地理研究,2007,26(2):391-402.

[135]吴威,曹有挥,曹卫东,等.区域高速公路网络构建对可达性空间格局的影响——以安徽沿江地区为实证［J］.长江流域资源与环境,2007,16(6):727-731.

[136]谢赤,毛宁.金融生态建设与新型城镇化的时空耦合关系［J］.统计与决策,2020,36(3):92-96.

[137] 徐昀，陆玉麒．高等级公路网建设对区域可达性的影响——以江苏省为例 [J]．经济地理，2004 (6)：830 - 833.

[138] 徐婧婧．我国区域经济协调互动发展统计测度的思考 [J]．全国流通经济，2019 (3)：47 - 48.

[139] 徐彦侬．广东县区交通可达性与经济发展水平的空间关系研究 [D]．广州：暨南大学，2019.

[140] 徐阳，郗恩崇，苏兵．一体化交通运输体系与区域经济发展的关系 [J]．理论与改革，2013 (2)：97 - 99.

[141] 徐勇敢，张宁．基于旅客运输可达性的空间均衡模型 [J]．交通运输系统工程与信息，2010，10 (3)：75 - 79.

[142] 杨洪焦，孙林岩，吴安波．中国制造业聚集度的变动趋势及其影响因素研究 [J]．中国工业经济，2008 (4)：64 - 72.

[143] 杨维凤．京沪高速铁路对我国区域空间结构的影响分析 [J]．北京社会科学，2016 (6)：38 - 43.

[144] 杨扬，纪有福．城市群物流发展与经济耦合演化关系研究——以滇中城市群为例 [J]．物流工程与管理，2019，41 (3)：33 - 38.

[145] 杨永义．辽宁省交通运输与区域经济协调发展研究 [D]．大连：大连海事大学，2017.

[146] 殷佳迪．中国区域协调发展水平及影响因素浅析 [J]．中外企业家，2016 (4)：20 - 22.

[147] 于晓萍，赵坚．城市轨道交通与多中心大都市区空间经济绩效优化——东京通勤铁路发展的经验借鉴 [J]．经济问题探索，2016 (1)：83 - 87.

[148] 俞路，赵佳敏．京沪高铁对沿线城市地区间溢出效应的研究——基于 2005 ~ 2013 年地级市面板数据 [J]．世界地理研究，2019，28 (1)：47 - 57.

[149] 袁常青．农民集中居住是农村城镇化的必由之路 [J]．小城镇建设，2013 (6)：41 - 42.

[150] 袁野，薛锋．京津冀地区铁路运量对区域发展的支撑作用研究 [J]．综合运输，2018，40 (9)：6 - 10，18.

［151］昝国江．主体功能区视野下河北省区域经济协调发展研究［J］．河北科技大学学报（社会科学版），2015，15（1）：12－20．

［152］曾守桢，骆丹丹．基于类 Pearson 综合相关系数的概率语言 TOPSIS 多属性决策方法［J］．系统科学与数学，2021，41（1）：126－143．

［153］张爱儒．青海省区域经济协调发展研究［J］．统计与决策，2008（16）：130－132．

［154］张超，钟昌标．中国区域协调发展测度及影响因素分析——基于八大综合经济区视角［J］．华东经济管理，2020，34（6）：64－72．

［155］张恒龙，陈方圆．高铁对区域协调发展的影响分析——基于徐兰客运专线的实证分析［J］．上海大学学报（社会科学版），2018，35（5）：91－106．

［156］张可云，裴相烨．中国区域协调发展水平测度——基于省级数据分析［J］．郑州大学学报（哲学社会科学版），2019，52（6）：29－34，125．

［157］张莉．区域空间结构的点—轴式分析方法研究［D］．南京：南京师范大学，2008．

［158］张立柱，郭中华，曹洁．基于GST的区域经济与社会协调发展测度方法研究［J］．泰山学院学报，2008（3）：84－88．

［159］张清兰，程钢，杨杰．高铁－人口－经济耦合协调的空间联系研究［J］．测绘科学，2020，45（7）：190－198．

［160］张润．基于省域视角的我国交通运输与区域经济发展关系研究［D］．北京：北京交通大学，2018．

［161］张守文．区域协调发展的经济法理论拓展［J］．法律科学（西北政法大学学报），2021，39（4）：14－24．

［162］张昕．高速公路经济与社会效益的思考［J］．中国市场，2021（33）：84－85．

［163］张新，刘海炜，董文，陈华斌，等．省级主体功能区划的交通优势度的分析与应用——以河北省为例［J］．地球信息科学学报，2011，13（2）：170－176．

[164] 张志学，李同升．基于 GIS 的县级尺度交通可达性研究——以陕西省为例 [J]．人文地理，2010，25（1）：100 – 104．

[165] 赵传松，任建兰，陈延斌，等．中国科技创新与可持续发展耦合协调及时空分异研究 [J]．地理科学，2018，38（2）：214 – 222．

[166] 赵华．河南省产业集聚区的形成与发展研究 [D]．天津：天津工业大学，2010．

[167] 郑凤娟．新型城镇化与医疗卫生公共服务均等化耦合协调发展研究 [D]．济南：山东大学，2020．

[168] 钟少颖，郭叶波．中国高速铁路建设对城市通达性影响分析 [J]．地域研究与开发，2013，32（4）：6 – 51．

[169] 钟文，钟昌标，郑明贵，等．兼顾公平与效率的交通基础设施与区域协调发展研究——基于新经济地理学视角 [J]．地域研究与开发，2019，38（6）：1 – 5，28．

[170] 钟业喜，蒋梅鑫．鄱阳湖生态经济区交通可达性研究 [J]．江西师范大学学报（自然科学版），2010，34（1）：107 – 110．

[171] 钟业喜．基于可达性的江苏省城市空间格局演变定量研究 [D]．南京：南京师范大学，2011．

[172] 周博，马林兵，韦佳艺，等．交通优势度和经济发展的耦合协调关系研究——以广东省为例 [J]．华南师范大学学报（自然科学版），2018，50（3）：85 – 93．

[173] 周立群，曹知修．京津冀协同发展开启经济一体化新路径 [J]．中共天津市委党校学报，2014（4）：100 – 104．

[174] 周群，肖鸣．湛茂阳城市带县域综合交通可达性研究 [J]．综合运输，2021，43（1）：133 – 137．

[175] 周守仁．"超耦合——内随机"理论在现代社会经济研究中的应用 [J]．系统辩证学学报，1997（3）：71 – 75．

[176] 朱兵，张小雷，桂东伟，等．新疆城镇发展与交通可达性相互影响 [J]．地理科学进展，2010，29（10）：1239 – 1248．

[177] 祝志川，张国超，王静敏．基于 PLSPM – GRA 测度的区域"五化"协调发展研究 [J]．经济问题探索，2017（12）：116 – 125．

［178］卓嘎措姆，图登克珠. 西藏交通运输与区域经济系统协调度分析——基于耦合协调模型［J］. 西藏科技，2019（12）：29 – 32.

［179］邹朦璐. 四川省文化旅游产业与区域经济协调发展研究［J］. 中国集体经济，2018（24）：126 – 129.

［180］Ajala O A, Sanni L, Adeyinka S A. Accessibility to Health Care Facilities：A Panacea for Sustainable Rural Development in Osun State Southwestern, Nigeria［J］. Journal of Human Ecology, 2005, 18（2）：121 – 128.

［181］Alam J, Sikder S, Goulias K. Role of Transportation in Regional Economic Efficiency in Bangladesh：Data Envelopment Analysis［J］. Transportation Research Record：Journal of the Transportation Research Board, 2004, TRR：112 – 120.

［182］Ben-Akiva M, Lerman S R. Some Estimation Results of a Simultaneous Model of Auto Ownership and Mode Choice to Work［J］. Transportation, 1974, 3（4）：357 – 376.

［183］Benini R, Czyzewski A. Regional Disparities and Economic Growth in Russia：New Growth Patterns and Catching up［J］. Economic Change & Restructuring, 2007, 40（1 – 2）：91 – 135.

［184］Black J, Conroy M. Accessibility Measures and the Social Evaluation of Urban Structure［J］. Environment & Planning A, 1977, 9（9）：1013 – 1031.

［185］Botham R W. The Regional Development Effects of Road Investment［J］. Transportation Planning and Technology, 1980, 6（2）：97 – 108.

［186］Bruinsma F. The Impact of New Infrastructure on the Spatial Patterns of Economic Activities［J］. Serie Research Memoranda, 1995.

［187］Dupuy G, Stransky V. Cities and Highway Network in Europe［J］. Journal of Transport Geography, 1996, 4（2）：107 – 121.

［188］Eck J E . Regulation for High-Crime Places：Theory, Evidence, and Principles［J］. The Annals of the American Academy of Political and Social Science, 2018, 679（1）：106 – 120.

［189］Fisher R A. Statistical Methods, Experimental Design and Scientific Inference［M］. New York：Oxford University Press, 1990.

[190] Fleisher B, Li H, Min Q Z. Human Capital, Economic Growth, and Regional Inequality in China [J]. Social Science Electronic Publishing, 2010, 92 (2): 215 – 231.

[191] Friedman J H. Exploratory Projection Pursuit [J]. Journal of the American Statistical Association, 1987, 82 (397): 249 – 266.

[192] Geurs K T, Wee B V. Accessibility Evaluation of Land-use and Transport Strategies: Review and Research Directions [J]. Journal of Transport Geography, 2004, 12 (2): 127 – 140.

[193] Graham P. On the Interpretation and Disaggregation of Gini Coefficients [J]. The Economic Journal, 1976 (86): 243 – 255.

[194] Gutierrez J, Gonzalez R, Gomez G. The European High-speed Trainnetwork: Predicted Effects on Accessibility Patterns [J]. Journal of Transport Geography, 1996, 4 (4): 227 – 238.

[195] Halden D. Accessibility Analysis Literature Review: Measuring Accessibility as Experienced by Different Socially Disadvantaged Groups [D]. Funded by the EPSRCFIT Programme, 2005.

[196] Halden D. Using Accessibility Measures to Integrate Land Use and Transport Policy in Edinburgh and the Lothians [J]. Transport Policy, 2002, 9 (4): 313 – 324.

[197] Hansen W G. How Accessibility Shapes Land Use [J]. Journal of the American Institute of planners, 1959, 25 (2): 73 – 76.

[198] Hansman R J, Ishutkina M A. Analysis of the Interaction Between Air Transportation and Economic Activity: A Worldwide Perspective [J]. Massachusetts Institute of Technology, 2011, 38 (5): 185 – 188.

[199] Hartwig R E, Owen W. Transportation and World Development [J]. American Political Science Association, 1989, 83 (2): 699.

[200] Iacono M, Levionson D. Mutual Causality in Road Network Growth and Economic Development [J]. Transport Policy, 2015, 45: 209 – 217.

[201] Illingworth V. The Penguin Directionary of Physics [M]. Beijing: Foreign Language Press, 1991: 92 – 93.

[202] Ingram D R. The Concept of Accessibility: A Search for an Operational Form [J]. Regional Studies the Journal of the Regional Studies Association, 1971, 5 (2): 101 – 107.

[203] Karlaftis M G. A DEA Approach for Evaluating the Efficiency and Effectiveness of Urban Transit Systems [J]. European Journal of Operational Research, 2004, 152 (2): 354 – 364.

[204] Kendall M, Gibbons J D. Rank Correlation Methods (5th) [M]. New York: Oxford University Press, 1990.

[205] Kim H M, Kwan M P. Space-time Accessibility Measures: A Geocomputational Algorithm with a Focus on the Feasible Opportunity Set and Possible Activity Duration [J]. Journal of Geographical Systems, 2003, 5 (1): 71 – 91.

[206] Linneker B J, Spence N A. Accessibility Measures Compared in an Analysis of the Impact of the M25 London Orbital Motorway on Britain [J]. Environment & Planning A, 1992, 24 (8): 1137 – 1154.

[207] Linneker B J, Spence N A. An Accessibility Analysis of the Impact of the M25 London Orbital Motorway on Britain [J]. Regional studies, 1992, 26 (1): 31 – 47.

[208] Liu K, Murayama Y, Ichinose T. Using A New Approach for Revealing the Spatiotemporal Patterns of Functional Urban Polycentricity: A Case Study in the Tokyo Metropolitan Area [J]. Sustainable Cities and Society, 2020, 59: 102 – 176.

[209] Maechler M, Martin D, Schimert J, et al. Projection Pursuit Learning Networks for Regression [C] // Proceedings of the 2nd International IEEE Conference on Tools for Artificial Intelligence. IEEE, 1990: 350 – 358.

[210] Majewski J. Who Financed the Transportation Revolution? Regional Divergence and Internal Improvements in Antebellum Pennsylvania and Virginia [J]. The Journal of Economic History, 1996, 56 (4): 763 – 788.

[211] Morris J M, Dumble P L, Wigan M R. Accessibility Indicators for Transport Planning [J]. Transportation Research Part A General, 1979, 13 (2): 91 – 109.

［212］Murayama Y. The Impact of Railways on Accessibility in the Japanese Urban System ［J］. Journal of Transport Geography, 1994, 2 （2）: 87 – 100.

［213］Murphy B A. Accessibility and Centrality Based Estimation of Pedestrian Activity and Safety in Urban Areas ［D］. University of Minnesota, 2015.

［214］Murphy B, Levinson D, Owen A. Accessibility and Centrality Based Estimation of Urban Pedestrian Activity ［J］. Working Papers, 2015.

［215］Nutley S. Indicators of Transport and Accessibility Problems in Rural Australia ［J］. Journal of Transport Geography, 2003, 11 （1）: 55 – 71.

［216］Odum H T. Environmental Accounting, Energy and Environmental Decision Making ［M］. New York: Wilev, 1996.

［217］O'Kelly M E, Horner M W. Aggregate Accessibility to Population at the County Level ［J］. Journal of Geographical Systems, 2003, 5 （1）: 5 – 23.

［218］Paaswell R E. Transportation and Regional Economic Equity ［J］. Economic Benefits, 1994.

［219］Pirie G H. Measuring Accessibility: A Review and Proposal ［J］. Environment and Planning A: Economy and Space, 1979, 11 （3）: 299 – 312.

［220］Saaty T L. Axiomatic Foundation of the Analytic Hierarchy Process ［J］. Management Science, 1986, 32 （7）: 841 – 855.

［221］Salas-Olmedo M H, García P, Gutiérrez J. Accessibility and Transport Infrastructure Improvement Assessment: The Role of Borders and Multilateral Resistance ［J］. Transportation Research Part A: Policy and Practice, 2015, 82: 110 – 129.

［222］Shen Q. Location Characteristics of Inner-City Neighborhoods and Employment Accessibility of Low-Wage Workers ［J］. Environment & Planning B Planning & Design, 1998, 25 （3）: 345 – 365.

［223］Soja E. Third Space: Journey to Los Angels and Other Real and Imagined Places ［M］. Cambridge, Massachusetts: Blackwell Publisher Inc, 1996.

[224] Solow R M. Technical Change and the Aggregate Production Function [J]. The Review of Economics and Statistics, 1957, 39 (3): 312 – 320.

[225] Suguiy T, Carvalho M, Ferreira P. Efficiency Versus Satisfaction in Public Transport: Practices in Brazilian Cities [J]. Case Studies on Transport Policy, 2020, 8 (3): 938 – 945.

[226] Switzer J, Porcella R L. Catalogue of US Geological Survey Strong-motion Records, 1992 [M]. US Government Printing Office, 1994.

[227] Theil H, Raj B, Koerts J. Econometric Theory and Methodology [M]. Kluwer Academic, 1992.

[228] Tong L, Zhou X, Miller H J. Improve Accessibility for Individual Travelers through Network Design Models [J]. Transportation Research Board Annual Meeting, 2015.

[229] Vickerman R, Spiekermann K, Wegener M. Accessibility and Economic Development in Europe [J]. Regional Studies, 1999, 33 (1): 1 – 15.

[230] Vickerman R. Location, Accessibility and Regional Development: The Appraisal of Trans-European Networks [J]. Transport Policy, 1995, 2 (4): 225 – 234.

[231] Wachs M, Kumagai T G. Physical Accessibility as a Social Indicator [J]. Socio-Economic Planning Sciences, 1973, 7 (5): 437 – 456.

[232] Wang J, Wang S, Li S, et al. Coupling Analysis of Urbanization and Energy-environment Efficiency: Evidence from Guangdong Province [J]. Applied Energy, 2019, 2254 (Nov. 15): 113650. 1 – 113650. 12.

[233] Wang X, Song J, Duan H, et al. Coupling Between Energy Efficiency and Industrial Structure: An Urban Agglomeration Case [J]. Energy, 2021, 234: 121 – 304.

[234] Williamson J G. Regional Inequality and the Process of National Development: A Description of the Patterns [J]. Economic Development and Cultural Change, 1965, 13 (4, Part 2): 1 – 84.

[235] Wilson A. Entropy in Urban and Regional Modelling [M]. Routledge, 2011.

［236］ Wilson F R, Brander J R, Rogers G. Transportation and Regional Economic Development-Some Empirical Evidence from the Atlantic Region of Canada ［C］ // Transportation Research Forum Proceedings 1970s. Transportation Research Forum, 1979.

［237］ Yang S, Zhang Y, Zhao D. Who Exhibits More Energy-saving Behavior in Direct and Indirect Ways in China? The Role of Psychological Factors and Socio-demographics ［J］. Energy Policy, 2016, 93: 196 – 205.

［238］ Zhu X, Liu S. Analysis of the Impact of the MRT System on Accessibility in Singapore using an Integrated GIS Tool ［J］. Journal of Transport Geography, 2004, 12 （2）: 89 – 101.